AF402532

FACULTÉ DE DROIT DE PARIS.

THÈSE

POUR LE DOCTORAT

SOUTENUE

PAR

Adolphe-Émile LAIR.

AVOCAT A LA COUR IMPÉRIALE DE PARIS.

PARIS

IMPRIMÉ PAR E. THUNOT ET Cⁱᵉ,

RUE RACINE, 26, PRÈS DE L'ODÉON.

1859

THÈSE
POUR LE DOCTORAT.

L'ACTE PUBLIC SUR LES MATIÈRES CI-APRÈS SERA SOUTENU

le vendredi 11 mars 1859, à 1 heure,

PAR

ADOLPHE-ÉMILE LAIR,

Avocat à la Cour impériale.

PRÉSIDENT : M. BRAVARD-VEYRIÈRES, *professeur.*

Suffragants :
MM. PELLAT, doyen,	
OUDOT,	*professeurs.*
ORTOLAN,	
DEMANGEAT,	*suppléant.*

Le candidat répondra, en outre, aux questions qui lui seront faites sur les autres matières de l'enseignement.

PARIS

IMPRIMÉ PAR E. THUNOT ET Ce,

RUE RACINE, 26, PRÈS DE L'ODÉON.

1859

A M. PH. DAMIRON,

membre de l'Institut.

Hommage de respectueuse et reconnaissante affection.

INTRODUCTION.

I.

La réhabilitation, dans le sens étymologique (*re*, de nouveau, *habilis*, propre, habile à), n'est autre chose qu'une réintégration dans une capacité qu'on avait perdue. Toutes les fois qu'on recouvre une aptitude légale dont on était déchu, qu'on redevient habile à exercer des droits dont on était privé, on peut dire, *lato sensu*, qu'il y a là *réhabilitation*.

A la définir par son objet, la réhabilitation d'un condamné n'est donc autre chose que la réintégration de ce condamné, pour l'avenir, dans les droits que la condamnation lui avait enlevés; et pourtant n'est-ce pas quelque chose de plus? Aux yeux de la conscience humaine, réhabiliter un homme, est-ce seulement lui rendre la capacité civile et politique, le droit de testament, de témoignage ou de vote; n'est-ce pas lui rendre aussi le droit à l'estime, le droit à l'honneur; et n'a-t-on pas vu les mêmes législateurs qui prétendaient imposer l'infamie à l'opinion, proclamer par la réhabilitation le rétablissement du condamné dans sa *bonne fame et renommée* (1)?

C'est qu'il y a pour ainsi dire deux réhabilitations : l'une, tout intime, qui s'opère au sein de l'homme par la libre action de son âme sur elle-même et le relève à ses propres yeux par le témoignage de sa conscience et aux yeux de ses concitoyens par le témoignage de sa vie; l'autre solennelle et publique, par laquelle la société lui rend les droits dont elle l'avait dépouillé, et par là, autant qu'elle le peut, l'honneur dont il était déchu. Mais celle-ci n'est que la conséquence et le prix de celle-là : la réhabilitation *sociale* n'est, ou du moins ne doit être que la constatation et la récompense de la réhabilitation *morale*. A proprement parler, ce n'est pas la loi qui réhabilite, on se réhabilite soi-même.

La réhabilitation n'est donc pas, comme un sens impropre et vulgaire du mot pourrait le faire croire, un brevet d'innocence donné après coup à un homme injustement condamné, ou une réparation tardivement accordée à sa mémoire (2). Calas, Lally, Lesurq et tant d'autres n'ont pas été proprement réhabilités et ne pouvaient pas l'être :

(1) Ordonnance de 1670.
(2) Ce sens confond la réhabilitation avec la révision.

on ne réhabilite pas l'innocence. La réhabilitation suppose la faute, mais la faute expiée par la peine, effacée par le repentir. C'est le coupable, mais le coupable corrigé qu'elle relève, et on peut la définir : la restitution des droits enlevés par la condamnation au condamné redevenu par la peine et l'épreuve digne de les exercer.

Dans la réforme morale est à la fois le droit du coupable et la garantie de la société. La société a besoin et d'une satisfaction pour le passé et d'une sûreté pour l'avenir. Ce n'est qu'après la peine subie qu'elle relève le condamné, et alors seulement que par une épreuve d'où il est sorti vainqueur, il lui a donné un gage de son amendement. Avant de lui rendre, par la restitution de ses droits, le libre accès de la vie civile et politique, elle s'assure qu'il est réellement corrigé, comme autrefois l'Église éprouvait le repentir du pécheur par des pratiques réglées de pénitence, avant de le réintégrer dans la communion des fidèles.

Telle est la réhabilitation, comme on l'entend de nos jours ; elle repose sur les idées combinées de la correction et de l'exemple, de l'expiation accomplie et du repentir éprouvé. Mais quel en est le rôle dans l'économie de la loi ? quel en est le caractère ? comment s'y distingue-t-elle de la grâce ? C'est ce que nous voulons rapidement examiner.

II.

La peine proprement dite n'est pas toujours l'unique châtiment infligé au coupable : le plus souvent, la loi ne se borne pas à le frapper dans son corps; elle attache au fait seul de la condamnation des déchéances indépendantes de la peine et destinées à lui survivre. La peine, sans doute est une expiation; mais, alors même qu'il l'a subie, l'homme légalement convaincu d'un délit ou d'un crime n'est point mis par la conscience publique au même rang que ceux qui n'ont jamais failli (1). Le souvenir de sa faute subsiste, comme une flétrissure pour lui, comme une menace pour les autres; et voilà pourquoi la loi s'associant, comme on l'a dit, au sentiment public, « entoure la vie du » libéré d'un réseau de précautions (2) » et le frappe même après la peine subie d'incapacités qui sont autant de garanties pour la société qu'il a troublée. Quelle ne serait pas l'alarme sociale, s'il recouvrait par sa libération même les droits les plus précieux, les droits d'enseigner publiquement, de juger ses concitoyens, de protéger les incapables; s'il pouvait redevenir immédiatement juré, tuteur, maître d'école, etc.? Fût-il vraiment corrigé, sa

______

(1) « Il n'en est pas d'une dette morale comme d'une dette matérielle : celle-là laisse des traces que l'exécution même de la peine ne peut effacer. » M. Faustin Hélie, *Revue de législation*, t. VII, p. 39.

(2) *Ibid.*, p. 40.

correction doit être éprouvée : il n'a eu, en subissant sa peine, que bien peu d'occasions d'agir par lui-même ; et en le rendant à la société où l'attend plus d'un péril, il convient de le soumettre, avant d'effacer les dernières traces de sa faute, à la double épreuve de la liberté et du temps. Tel est le principe des incapacités : « Parmi les condamnations » judiciaires, disait l'exposé des motifs de la loi de » 1852, il en est dont le résultat est non-seulement » d'infliger une peine, mais d'imposer des incapa- » cités qui lui survivent. La rentrée des condamnés » au sein de la société qu'ils ont profondément » troublée a dû être l'objet de précautions et de » ménagements nécessaires. Rendus à la société, » ils sont encore retenus sous la surveillance de la » loi dans des liens qui limitent l'exercice de leurs » facultés civiles ; ils ont encouru des déchéances, » ils sont privés de certains droits ; ils portent *la* » *flétrissure morale* qu'imprime la vindicte publi- » que (1). » Les incapacités sont donc des garanties accordées par la loi à la société et aux tiers, en raison de l'indignité présumée du libéré et de la défiance légitime qu'inspire sa conduite passée, et comme une sorte de reconnaissance légale et de consécration indirecte de cette infamie qui s'attache même après la peine subie à l'homme frappé d'une condamnation. Sans doute la société ne les inflige

(1) Exposé des motifs de la loi du 6 juillet 1852. — *Moniteur* du 17 avril 1852.

qu'en vertu de son droit de punir ; mais c'est moins dans un but de répression que par un motif de défiance : ce ne sont pas à proprement parler des peines ; ce sont des mesures de précaution superposées à la peine (1).

Considérons maintenant quel est le rôle de la grâce, quel est celui de la réhabilitation.

La grâce est la renonciation, par la société, à l'exécution de la peine corporelle (2). Elle est donc, par sa nature même, sans influence sur les incapacités : les incapacités, en effet, ne supposent aucune exécution : la volonté de la loi suffit pour les attacher à la condamnation, et comme elles survivent à la peine subie, elles survivent aussi à la grâce qui la supprime ou l'abrége. Mais la flétrissure qu'elles constatent sera-t-elle perpétuelle ? Est-il à jamais interdit au condamné de briser les entraves qui limitent sa capacité ? De même que le pouvoir social renonce parfois à l'exécution de la peine, ne doit-il pas remettre aussi dans certains cas les déchéances encourues ? Ce sera l'œuvre de la réhabilitation.

Telle est la première différence entre la réhabilitation et la grâce : « l'une agit sur les inflictions » matérielles ou sur la peine, l'autre sur les inflic-

<hr>

(1) Telle est la règle ; il est des cas, sans doute, où, dans notre loi actuelle, des incapacités sont prononcées à titre de peines principales ; mais ce n'est que par exception, et ce n'est aussi que par extension et en raison de leur nature que la réhabilitation y a été appliquée.

(2) M. Ortolan, *Éléments de droit pénal*, n⁰ˢ 1077, 1078.

» tions morales ou sur les incapacités (1). » Mais
ce n'est pas la seule, et de cette différence d'objet
découle une différence de nature.

La grâce, à quelque point de vue qu'on l'envisage, soit comme mesure d'exception, soit comme
mesure ordinaire, n'est jamais qu'une faveur. Un
homme a été condamné et frappé par la condamnation d'une affliction corporelle et de certaines
déchéances. Fût-il innocent en réalité, la sentence
le répute coupable : il peut implorer la clémence
du souverain, mais il n'a aucun droit à en rien
obtenir ; il aurait le droit, s'il en avait un, de faire
reviser le jugement et proclamer son innocence :
mais cette révision n'est autorisée que dans des cas
très-rares; ainsi l'exige le respect dû à la chose
jugée. S'il ne se trouve pas dans l'un de ces cas, il
n'a donc aucun droit. Mais, si la condamnation
ne peut être rétractée, il importe au moins qu'on
puisse en atténuer les effets : ne pouvant déclarer
innocent l'homme que la justice a déclaré coupable,
le souverain pourra du moins le soustraire à la
peine en renonçant à la faire exécuter (2). Le condamné était-il vraiment coupable ? S'il témoigne
par sa conduite d'un repentir sincère et profond,
le souverain pourra aussi, quand surtout il aura

(1) Exposé des motifs.

(2) « Qui, reipsa insons est, tamen judicis sententia nocens habetur, dum
res judicata pro veritate accipitur : hinc necesse fuit, legis pœnas damnato irrogantis vinculum ab eo laxari qui legis condendæ ac justis ex causis tollendæ
potestatem habet, qualis est solus princeps, ut reus condemnatus supplicio subducatur. » (Voët, ad *Pandectas*, 48, 23.)

subi une partie notable de sa peine, lui remettre l'autre par indulgence, et déclarer l'expiation suffisante. Mais ici encore nul droit pour le condamné : il n'a aucun moyen de contraindre la société à lui faire cette remise : son repentir, quelque éclatant qu'il soit, ne l'entraînera jamais nécessairement, car s'il est une des conditions qu'elle exige, il n'est pas la seule. Telle est la grâce (1) : qu'elle soit accordée à l'innocence ou au repentir, elle exige de la part du pouvoir auquel elle appartient une appréciation discrétionnaire ; car s'il y a d'un côté l'intérêt du coupable, il y a de l'autre l'intérêt et le droit de la société, et il ne faut pas moins craindre d'énerver la pénalité que de porter atteinte à l'autorité de la chose jugée.

Dans la réhabilitation, la peine est subie, l'expiation est complète : il ne s'agit plus que d'éprouver le repentir du condamné, avant de faire disparaître ces incapacités qu'une défiance légitime perpétue sur sa tête. Le sort du condamné est donc entre ses mains, « il y a contre lui présomption » d'indignité (2), » mais cette présomption peut être combattue par la preuve contraire : il n'a qu'à faire cette preuve, et la réhabilitation est de droit. Quand la société déjà satisfaite pour le passé, est aussi garantie pour l'avenir, pourquoi maintien-

(1) L'idée tout entière de la grâce nous paraît être avec l'étymologie du mot dans cette phrase de Tito-Livo (liv. 45) citée par Cujas : « Illi qui nos *pœna* non crimine liberant, *gratiam habemus*. »
(2) *Moniteur* du 5 mai 1852. — Discours de M. Debelloyme.

drait-elle des déchéances qui ne sont plus ni justes ni nécessaires? Quand le coupable a expié son crime par la peine subie, et que sa correction est attestée par l'épreuve, pourquoi ne recevrait-il pas le prix de son amendement? Quel principe s'oppose à ce qu'on le relève d'incapacités qui n'étaient que la conséquence d'une présomption légale d'indignité quand l'expérience est venue la détruire? Son repentir est une seconde innocence qui attaque, comme disait d'Aguesseau, le principe même de l'incapacité; et de même que l'interdiction qui frappe la folie cesse avec le retour à la raison, les déchéances attachées à une perversité présumée ne doivent-elles pas cesser avec la preuve du retour au bien? Sans doute, la réhabilitation ne doit pas être pour les condamnés un droit ouvert et certain, mais un prix offert à leurs efforts, une espérance qu'il ne tient qu'à eux de convertir en droit: leur conduite, selon qu'elle est bonne ou mauvaise, efface ou perpétue l'incapacité indéfinie qui les frappe.

La grâce et la réhabilitation se distinguent donc profondément : l'une est un acte de clémence, un bienfait du souverain, l'autre est une conquête du condamné (1); l'une n'est qu'une faveur, l'autre est un acte de rigoureuse justice (2), et en quelque

(1) *Revue de législation*, t. IV, p. 453, article de M. Bourdon.
(2) *Moniteur* du 5 mai 1832. — Discours de M. Debelleyme. — Foucart, *Éléments de droit public*, I, 76.

sorte, la reconnaissance d'un droit acquis (1) : « La
» grâce suppose que le souverain pardonne, la ré-
» habilitation que le condamné s'est replacé par
» son repentir dans les rangs de la société (2). »

Attribuée au chef de l'État, la grâce est nécessairement spontanée : acte de commisération et de
clémence, elle n'est qu'une faveur particulière
sans intérêt direct pour les tiers et pour la société,
et par suite, elle ne comporte d'autres conditions
et d'autres formes que celles qu'une volonté souveraine croit devoir s'imposer à elle-même (3). Il
en est autrement de la réhabilitation. Les incapacités qu'elle efface étant des garanties accordées
par la loi à la société et aux tiers, la société et les
tiers y sont directement intéressés (4). L'intérêt
social et l'intérêt des tiers exigent donc, non moins
que celui du coupable dont elle reconnaît le droit,
qu'elle soit un acte de juridiction, soumis à des
formes et à des conditions préalables, et contrôlé
par la justice. Comment une volonté arbitraire
pourrait-elle supprimer à son gré des garanties sociales? comment le souverain pourrait-il par sa
volonté seule rendre l'honneur à qui l'a perdu et
commander l'estime pour un homme qui ne l'a
pas reconquise?

(1) Exposé des motifs du Code de 1808. — Legraverend : « Les lettres de
réhabilitation ne consacrent réellement que la déclaration d'un droit acquis, le
législateur ayant voulu imprimer une vertu efficace au repentir. »
(2) Dalloz. *Répert.*, v° *Droits civils*, n° 757.
(3) Rapport de M. Langlais, *Moniteur* du 4 mai 1852.
(4) Avis du conseil d'État, du 8 janvier 1823.

En même temps qu'elle est pour le coupable le prix de son repentir, la réhabilitation en est le mobile le plus puissant, et répond ainsi à un besoin social impérieux. On l'a dit, la peine, pour être morale, ne doit pas être *nécessairement* perpétuelle. Le meilleur moyen d'obtenir l'amendement du coupable, c'est de l'y intéresser. Mais ce n'est pas assez pour le condamné d'espérer retrouver un jour la liberté, s'il n'a pas aussi l'espoir de reconquérir ses droits et son honneur, l'espoir d'un nouvel avenir. Comme la grâce, et plus encore que la grâce, la réhabilitation, lui sert de point d'appui pour se relever, elle lui donne, avec le besoin, le désir d'une vie meilleure; elle montre un but à ses efforts, un prix à sa persévérance, et en tempérant par l'espérance la rigueur des peines les plus graves, « elle introduit dans la perpétuité » même un germe pénitentiaire (1). » Elle tend ainsi « à transformer en citoyens utiles des hommes » qui se constituent si souvent en état de guerre » contre les lois (2), » à arrêter le cours de la récidive, cette intarissable source de délits qui semblent renaître les uns des autres. Préparée par une peine morale, par une surveillance à la fois efficace et tutélaire, par un patronage généreux, elle est le complément indispensable de la loi pénale : et tandis que, trop nombreuses, les grâces énerve-

(1) MM. Chauveau et Hélic, *Théorie du Code pén.*, t. I, p. 105.
(2) Rapport de M. Langlais, *Moniteur* du 4 mai 1852.

raient la répression en rendant les peines illu-
soires, il ne saurait y avoir trop de réhabilitations : loin de faire ombrage à l'efficacité de la pénalité, elles en seraient, au contraire, la plus solennelle constatation. La réhabilitation est le dernier but de la peine, le résultat qu'elle doit tendre à substi-tuer de plus en plus à la récidive : elle est la fin et comme le couronnement du régime pénitentiaire.

A côté et au-dessus de la grâce, acte de pure miséricorde alors même qu'elle est le suprême recours de l'innocence, la réhabilitation vient ainsi se placer comme une charitable justice, comme la légitime récompense d'un repentir persévérant, et achever la justice humaine à l'image de la justice divine. La grâce, c'était l'indulgence remettant une peine qui pouvait être justement maintenue; dans la réhabilitation, c'est le repentir qui réintègre le condamné dans les droits qu'il avait perdus par son crime. « La grâce n'avait rendu à la société » qu'un homme, la réhabilitation lui rend un » citoyen (1). » Et non-seulement elle relève le con-damné de toutes les incapacités qui le frappaient, mais en proclamant son retour au bien, elle sub-stitue au sentiment de défiance et de répulsion dont il était poursuivi un sentiment de confiance : vrai « baptême civique, » elle fait de lui un homme nouveau, qu'elle *reclasse* vraiment dans la so-ciété.

(1) Paroles de M. le garde des sceaux.

III.

C'est assez dire qu'ainsi comprise, la réhabilitation ne peut appartenir qu'à une civilisation
avancée et à un système perfectionné de pénalité.
Ne craignons pas de le dire, la vraie réhabilitation
n'est que d'hier. Idée chrétienne par excellence,
justice et charité tout ensemble, elle a vécu dix-
huit siècles dans la pratique de l'Église avant d'en-
trer dans la conscience publique et de conquérir sa
place dans la loi.

La peine a deux buts principaux : l'exemple et
la correction. Mesure d'instruction en même temps
que de réforme, elle cherche à prévenir le retour
du même délit chez les autres par l'intimidation,
chez le coupable par l'amendement. Mais ainsi n'a
pas toujours été envisagée la peine : conçue d'abord
comme une vengeance, elle le fut ensuite comme
une partie du culte, comme un sacrifice expiatoire,
avant de l'être comme l'instrument d'une défense
légitime et d'une juste répression. Ce n'est et ce ne
devait être qu'en dernier lieu qu'elle a été considérée comme *correctionnelle*, point de vue nouveau
que développa particulièrement le christianisme.

L'idée de la correction du coupable apparaît à
peine dans les législations de l'antiquité : toutes,
cependant, ont pratiqué la réhabilitation des condamnés; mais c'est d'après un autre principe et

sous une autre forme : que le mot ne fasse donc
pas illusion ; étrangère à l'amendement du coupable, la réhabilitation n'y est qu'une réintégration
par voie de grâce dans les droits enlevés par la
condamnation. Nos lois ont donné le repentir pour
principe à cette réintégration ; elle n'eut, dans l'antiquité, d'autre principe que la clémence.

De tout temps et partout, le législateur paraît
avoir cherché dans la privation totale ou partielle
des droits de cité un moyen de pénalité, ou une
garantie sociale. Partout nous le voyons, dans ce
but, attacher aux condamnations des incapacités
indépendantes de la peine. Mais de tout temps aussi
et partout, le même sentiment qui a tempéré la
rigueur des lois par la remise ou la modération
des peines, a conduit à remettre les incapacités qui
leur survivaient. Partout la clémence du peuple ou
du prince, suivant les pays, intervient dans certains
cas pour les effacer. De fait, la réhabilitation est
sœur de la grâce, ou plutôt elle n'est à l'origine que
la grâce même plus efficace et plus étendue, ou, si
l'on veut, la grâce appliquée à des peines privatives
de droits.

Sous cette forme, on la retrouve en Grèce, dès
les lois de Solon. La troisième table de la huitième
loi de Solon portait « que tous ceux qui avaient été
» notés d'infamie avant l'archontat de Solon se-
» raient réhabilités (ἀτιμῶν ὅσοι ἄτιμοί ἦσαν πρίν ἢ Σόλωνα
» ἄρξαι ἐπιτίμους εἶναι) à l'exception de ceux qui avaient

» été condamnés pour meurtre ou brigandage, ou
» pour avoir aspiré à la tyrannie (1). » Ce n'était
là qu'une mesure de circonstance et d'exception.
Les Athéniens paraissent être allés plus loin et s'ê-
trè fait de la réhabilitation une idée délicate qu'explique d'ailleurs le rôle important de l'infamie
dans les républiques de l'antiquité. Une autre loi
athénienne que Samuel Petit rapporte sans en indiquer l'auteur ni la date (2), statuait qu'à l'avenir
les personnes frappées d'infamie ou débitrices d'a-
mendes envers les temples des dieux ou le trésor
public (ὀφείλοντες τοῖς θεοῖς καὶ τῷ δημοσίῳ), ne pourraient
être réhabilitées que par l'assemblée des Athéniens
au nombre de six mille au moins (μὴ ἔλαττον ἑξακισχιλίων)
et au scrutin secret (κρύβδην ψηφισαμένοις) : si le débiteur osait solliciter sa réhabilitation avant d'avoir
acquitté l'amende, son nom devait être publiquement dénoncé et mis en quelque sorte au ban de
l'opinion (ἔνδειξιν εἶναι). Si quelque autre la sollicitait
pour lui, il était puni de la confiscation. Ainsi,
non-seulement cette loi ne permettait pas qu'on
pût être réhabilité avant d'avoir satisfait à la peine,
mais elle frappait d'une nouvelle infamie celui qui,
avant cette satisfaction, osait aspirer à reprendre
ses droits, et défendait sous des peines sévères à
tout autre d'en faire pour lui la demande. N'était-
ce pas aussi une forme bien propre à frapper les

(1) Plutarque, *Vie de Solon.*
(2) Samuel Petit : *Leges atticæ :* περὶ τῶν τιμῶν.

esprits, et à relever dans l'estime publique que cette forme permise par l'organisation de la cité antique, cette réintégration, prononcée par tout un peuple, et par laquelle le condamné reprenait ses droits du suffrage même de ses concitoyens?

Au-dessus de ces essais pratiques, se place la théorie de Platon sur la pénalité qui vint donner à la réhabilitation un fondement logique, et l'assigna comme effet sinon comme but à la peine. La loi de l'âme, dit Platon, c'est la conformité à l'ordre, c'est-à-dire à la justice et à la vérité: l'ordre condamne l'injustice et y attache une punition obligatoire pour l'être moral; la peine réconcilie le coupable avec l'ordre, en lui rendant la conformité à la loi qu'il avait perdue. Comme la médecine est la santé des corps, la peine est la santé des âmes; fuir la peine, c'est faire comme le malade qui recule devant le fer et le feu qui doivent le guérir; il faut au contraire la rechercher librement et s'y soumettre, pour se délivrer du plus grand des maux, de l'injustice. Platon va jusqu'à conseiller au coupable d'aller se présenter au juge et réclamer de lui le châtiment qu'il a mérité, « de telle sorte que, si la faute qu'on a faite » mérite des coups de fouet, on se présente pour » les recevoir; si les fers, on leur tende les mains; » une amende, on la paye; le bannissement, on » s'y condamne; la mort, on la subisse (1). » Ces

(1) Platon, *Gorgias*, trad. de M. Cousin.

principes conduisent nécessairement à la réhabilitation du coupable; par la peine, il est réconcilié
avec l'ordre; ne l'est-il pas dès lors avec la société? Par cela même qu'elle est un devoir, la peine
devient pour lui un droit; car s'il est vrai qu'il
doive une réparation à l'ordre violé et que la peine
soit son salut, se peut-il que la société lui refuse
cette réparation qui le réhabilite? Platon comprit
qu'il n'y a de peines morales que celles qui tour-
nent au bien de ceux qui les subissent. Par un reste
d'indulgence socratique, il croit que l'homme pè-
che par ignorance plus que par perversité : de là
le sophronistère, dont il parle dans ses lois, sorte
de pénitencier, où le coupable, livré à ses propres
réflexions, sera détenu pour être instruit, et où
chaque nuit le magistrat pénétrera pour lui faire
entendre, comme par l'organe même de la loi, les
salutaires conseils de la raison. S'il écoute la voix
de la douceur et de la vérité, qu'il rentre dans la
société et y reprenne ses droits; qu'il meure, s'il est
incorrigible (1). Ainsi, Platon déjà cherchait dans la
peine un moyen d'amender le coupable et de le
mettre en état de reprendre un jour les droits dont
on l'avait privé.

La réhabilitation ne fut point, à Rome, un legs
de la philosophie grecque. La théorie platoni-
cienne lui donnait la justice pour principe; elle ne
fut, dans le droit romain, qu'un acte de clémence,

(1) Platon, *Lois*, Arg., p. 95.

un cas particulier de la grâce. Abandonnée sous la République aux passions du peuple, elle l'est, sous l'empire, au caprice du prince ; mais qu'elle émane du peuple, du sénat ou de l'empereur, elle n'est jamais qu'un acte de clémence souveraine. *L'in integrum restitutio* ne se distingue de la simple *indulgentia* que par la formule employée. Les voix ne manquèrent pas, sous l'empire, qui recommandèrent aux empereurs la clémence ; et Sénèque, mêlant la vérité à l'adulation, en traçait à la jeunesse de Néron un tableau qui mérite de n'être pas oublié. C'était plus en effet qu'une simple exhortation à la douceur : les jurisconsultes romains s'élevèrent, on le sait, sous l'influence de la philosophie stoïcienne, jusqu'à l'idée de la correction du coupable par la peine (1) ; et le traité de la clémence était la plus haute expression de la doctrine stoïcienne en matière de pénalité. Sénèque ne voit pas seulement dans la clémence un tempérament de rigueurs nécessaires et une garantie suprême contre d'inévitables erreurs (2), mais un moyen d'encourager le repentir du coupable et de le ramener au bien. La peine doit avoir pour but, nonseulement d'intimider et d'instruire, mais aussi de corriger (3) : il faut donc la tempérer pour ne pas

----

(1) D. L. 20, *De pœnis.* — Aulu-Gelle, VI, 14 ; Il rappelle la théorie de Platon.

(2) *De clementia*, I, 1.

(3) « Ut eum quem punit emendet, aut ut pœna ejus cæteros reddat meliores... »

désespérer le coupable, et pour lui inspirer le désir de s'amender, lui laisser quelque intérêt à le faire (1). Il faut savoir discerner des natures incorrigibles celles qui peuvent s'améliorer, et essayer de guérir tous ceux qui sont guérissables (2). Le prince prendra pour modèle Dieu qui tolère le pécheur et lui laisse le temps du retour ; il réglera sa miséricorde sur la miséricorde divine (3) ; il imitera le bon jardinier qui n'abat pas les arbres mal venus, mais les redresse en les appuyant de tuteurs (4). L'homme a droit à la miséricorde par cela seul qu'il est homme (5) ; une grande partie des coupables peuvent revenir au bien (6), et ce n'est qu'à travers bien des fautes que l'homme le plus pur arrive à l'innocence de la vertu : « *Ad innocentiam peccando pervenimus* (7). « Celui qui se repent est presque innocent, » dit ailleurs Sénèque dans une maxime déjà chrétienne : « *Qui pœnitet peccati fere innocens est.* » C'était, en quelque sorte, entrevoir le régime pénitentiaire et la réhabilitation qui en

(1) « Ipsos facilius emendabis minore pœna : diligentius enim vivit cui aliquid integri superest. »

(2) « Adhibenda est moderatio quæ sanabilia ingenia distinguere a deploratis sciat (I, 2). — Atqui et hic morbus est animi : mali medici est desperare ne curet » (I, 17).

(3) ~~Ibid., I, 6.~~

(4) « Agricolas bonos imitabitur, qui non tantum rectas procerasque arborés colunt; sed illis quoque quas aliqua depravavit causa adminicula quibus regantur applicant... videbit quomodo in rectum prava flectantur » (II, *in fine*).

(5) ~~I, 1.~~

(6) « Adjice quod magna pars hominum reverti ad innocentiam possit » (I, 2).

(7) I, 6.

est la fin. Mais ce n'étaient là que des spéculations isolées et des lueurs passagères, et nous ne voyons point que le stoïcisme ait clairement associé les idées du repentir et de la réhabilitation et songé à faire de l'une la récompense de l'autre. Comment la miséricorde sociale eût-elle trouvé place à côté de ces supplices qui ne respirent que le mépris de l'homme, dans une législation qui se dégradait jusqu'à faire des exécutions un spectacle au lieu d'en faire un exemple? Il eût fallu renouveler la société elle-même. Le plus souvent, d'ailleurs, il faut le dire, dans son austérité quelque peu hautaine, le stoïcisme n'avait pas cette affectueuse douceur, cette pitié amoureuse pour le pécheur qui est le fond même du christianisme. Le stoïcisme disait plutôt à l'homme : ne tombe pas ; le christianisme devait lui dire : relève-toi.

Le christianisme, en effet, ne relevait pas seulement le pauvre et le malheureux, mais jusqu'au pécheur lui-même, et il semblait qu'il eût pour lui comme une prédilection et une plus affectueuse douceur. Ce n'était pas pour les justes, mais pour les pécheurs, que le Fils de Dieu était venu sur la terre (1); c'était pour sauver ceux qui se perdaient (2), pour ramener les brebis égarées d'Israël (3). Il ne voulait pas la mort du pécheur,

(1) Matth., IX, 12 et 13.
(2) *Ib.*, XVIII, 11.
(3) *Ib.*, XV, 24.

mais sa conversion et son salut (1). Et plein d'une divine indulgence qui semblait prévenir le repentir même, il avait relevé la femme adultère et la pécheresse par ces mots si doux : « Allez et ne pé- » chez plus (2). » « Allez en paix, vos péchés vous » sont remis (3). »

A côté du dogme de la chute de l'homme, le christianisme apportait au monde le dogme consolateur de sa régénération. Il n'était, on peut le dire, qu'une sublime et miséricordieuse réhabilitation de l'humanité. Avec une merveilleuse connaissance des faiblesses et des besoins de notre nature, à côté du baptême, sacrement réparateur de la tache originelle, il plaçait la pénitence, autre baptême toujours offert à l'homme pour y reconquérir la grâce et l'innocence perdues : il offrait au pécheur la réconciliation ; mais cette réconciliation, qui le replaçait au rang des justes, était à une condition indispensable, celle de la pénitence ou de la transformation par le repentir. La pénitence est le fond même de l'Évangile.

Là était la nouveauté du christianisme : le pardon est un sentiment trop naturel à l'homme pour n'être pas de tous les temps; aussi, avant le christianisme, la grâce avait partout pris place dans la loi. Mais cette idée de la régénération du coupable par le repentir, réalisée dans l'institution divine de

(1) Ezechiel, 33, 11.
(2) Jean, VIII, 11.
(3) Luc., VII, 48-5°.

la pénitence, était le modèle, jusque-là sans exemple, que la justice spirituelle de l'Église allait proposer à la justice humaine.

L'Église proclama de bonne heure que les peines qu'elle appliquait étaient *médicinales* : « Du » système pénitentiaire établi par l'Église, dit l'abbé » Gerbet (1), il résulte que dans son sein non-seu- » lement tout criminel peut être réhabilité inté- » rieurement aux yeux de Dieu, mais encore que » par l'action des moyens de correction et de ré- » forme dont elle dispose, on peut obtenir une » telle garantie d'un sincère et durable repentir, » que le coupable soit aussi réhabilité extérieu- » rement aux yeux des hommes (2). »

L'Église ne se contentait pas du repentir purement mental du pécheur, elle lui imposait une *satisfaction*, proportionnée à la gravité de la faute; elle éprouvait son repentir pour s'assurer qu'il était réel et serait durable. Telle est l'idée des pénitences canoniques. L'évêque d'abord imposait la pénitence et jugeait si elle devait être secrète ou publique; les premières règles furent extrêmement sévères : saint Basile compte deux ans pour le larcin, sept pour la fornication, onze pour le parjure, quinze pour l'adultère, vingt pour l'homicide, toute la vie pour l'apostasie. La pénitence pouvait être abrégée par *l'indulgence*, qui n'est

______

(1) *Considérations sur le dogme catholique de la pénitence*, p. 316.
(2) V. Baluze, I, 3. Concil. Arausil.

autre chose que la pratique par l'Église du droit de grâce; l'Église faisait par l'indulgence remise de la pénitence, exactement comme dans l'ordre temporel, le souverain fait, par la grâce, remise de la peine. « Selon l'ancien et perpétuel usage de » l'Église, dit d'Héricourt, l'évêque peut relâcher » une partie de la pénitence canonique, lorsqu'il » a des preuves de la ferveur du pénitent, ou que » quelque nécessité le demande. Les indulgences » ne remettent point la coulpe, mais seulement » une partie de la peine temporelle due au péché, » pour lequel on n'a point encore entièrement sa- » tisfait (1). » La réconciliation parfaite, l'entière réhabilitation, n'était accordée régulièrement qu'au changement effectif des mœurs (2).

La proclamation de ces principes et l'exemple de ces pratiques ne pouvait rester sans influence sur la législation temporelle, et l'idée chrétienne, en se projetant de l'Église dans l'État, créa, comme on l'a dit, la miséricorde sociale. D'incontestables progrès s'accomplirent dans le droit pénal, lorsque l'empire fut devenu chrétien. Le sentiment de la dignité humaine y pénétra de plus en plus, et l'on oublia moins que le criminel est toujours un

---

(1) D'Héricourt, *Lois ecclés. De la Pénitence*, 22.

(2) Fleury, *Mœurs des chrétiens. De la Pénitence.* — Les peines canoniques atteignaient même, on le sait, la capacité civile; les déchéances qu'elles entraînaient cessaient avec la réconciliation : ainsi, ceux que quelque peine avait écartés du témoignage redevenaient aptes à témoigner par la pénitence accomplie : « Sed nos misericordia præcunte, sub infamiæ nota, ad pœnitentiam recipimus. »

homme. On voulut, en le punissant, lui épargner du moins une irréparable flétrissure, et Constantin défendit de marquer sur le front « pour ne pas » déshonorer un visage formé à l'image de la beauté » céleste (1). » En même temps, les actes de clémence se multipliaient et le droit de grâce exercé au nom d'une religion de miséricorde acquérait plus d'autorité. C'est au nom du christianisme que se font toutes les réformes. Si Justinien accorde au repentir des femmes de mauvaise vie l'oubli de leur infamie et l'habilité au mariage, c'est « par » imitation de la bonté de Dieu, et de la trop grande » clémence pour les hommes, au nom de celui qui » daigne pardonner à notre repentir et nous ra- » mener à une vie meilleure (2). » Quand au nom du repentir chrétien et de la divine miséricorde, de pareilles réformes s'accomplissaient dans le droit civil, comment penser que le repentir des criminels ait toujours trouvé le pouvoir inexora- ble? Nous ne saurions le croire en présence de ces formules (3), quelque peu d'importance qu'elles aient au milieu des emphatiques préambules du Bas-Empire. Elles sont le signe d'un esprit nou- veau : les empereurs aiment désormais à proclamer qu'ils pardonnent au nom du Dieu dont ils préten- dent tenir leur autorité.

(1) Constitution de Constantin, 318.

(2) Code Just , L. 23, *De nupt.* : « Pœnitentiam suscipere nostram et ad meliorem eam statum deducere. »

(3) V. encore L. 27. C., *De donationibus inter vir. et ux.*

Mais là paraît s'être bornée l'influence du christianisme. Nous ne voyons point qu'à cette époque où l'Église montrait tant de sollicitude pour l'amélioration du régime des prisons, et l'adoucissement des peines, on ait songé à réaliser l'idée de la réhabilitation dans une institution distincte de la grâce. L'état de la société forçait d'ailleurs à commencer par la réforme du droit civil; avant de songer à relever même le criminel, il y avait à relever la femme et l'esclave : il fallait reconquérir les droits de l'innocence avant de protéger le crime contre une inexorable justice. Les temps n'étaient point du reste assez calmes pour de pareilles réformes ; l'efficacité de la répression était le premier besoin de la société et sa première pensée. La réhabilitation y demeura confondue avec la grâce, et même après l'avénement du christianisme, elle n'eut d'autre caractère que celui d'un pardon généreux.

IV.

Quelles réformes étaient possibles dans le chaos de l'invasion et du monde barbare? La pratique romaine de la *restitutio in integrum* s'y maintint-elle du moins? Nous le pensons; car nous voyons les rois barbares accorder des grâces et même des espèces d'amnistie à l'imitation des empereurs de

Rome, et ils ne durent point dès lors ignorer cette autre forme de la grâce. Aussitôt que l'ordre commence à s'établir dans la société, et que la royauté reprend quelque force, on la trouve en possession du droit de grâce qui comprend le pouvoir de réhabiliter. Les jurisconsultes distinguent bien l'*in integrum restitutio* de la *simplex indulgentia*, mais elle reste ce qu'elle était dans le droit romain, un acte purement gracieux, une faveur du prince. Au xiii° siècle, sous l'influence des idées romaines, ce droit, auparavant divisé et disputé comme la souveraineté même, devient régalien ; et depuis lors, malgré quelques usurpations et quelques concessions, il demeure la prérogative de la royauté. Là, comme ailleurs, les principes du droit romain établissent leur empire qui se maintiendra jusqu'à la révolution.

Un progrès pourtant fut fait sur le droit romain. Le droit romain n'exigeait aucune condition pour la réhabilitation, et l'abandonnait entièrement à la volonté du prince. L'Église imposait au coupable une satisfaction. Quelque chose de ce principe passa avec le temps dans la loi séculière : la pratique mit à la réhabilitation la condition de la satisfaction préalable à la partie civile, puis de la satisfaction à la société par la peine subie. Les commentateurs de l'ordonnance de 1670, dernier état de notre ancien droit sur ce point, exigent unanimement pour l'obtention des lettres de réhabilitation que le condamné ait subi sa peine, acquitté l'amende et les dommages-intérêts ; qu'il soit quitte envers la loi, envers le fisc, envers les particuliers.

C'était là un progrès incontestable : exiger ainsi la réparation complète du passé, c'était relever le caractère de la réhabilitation, et donner à la société un commencement de garantie, car la réparation du dommage causé est déjà une présomption de repentir ; mais ce n'était point là une garantie suffisante : ces conditions, mises à l'obtention régulière des lettres de réhabilitation, n'étaient point d'ailleurs une limite au libre exercice de la prérogative royale qui n'en connaissait aucune.

C'était au xviii° siècle et à l'Assemblée constituante qu'il était réservé d'introduire dans la pénalité le vrai principe de la réhabilitation : la conception d'un régime vraiment pénitentiaire lui imprima un caractère nouveau ; elle cessa d'être un acte de clémence pour devenir un acte de justice ; sous la double condition d'une entière expiation du passé, et d'une épreuve qui garantît l'avenir, la Constituante en fit pour le coupable l'objet d'un recours de droit ; et par souvenir des idées chrétiennes qui l'inspiraient à son insu, elle l'appelait dans le langage du temps, « un baptême civique (1). »

Les lois postérieures ont modifié ce système et

(1) V. ci-après liv. II, chap. 2.

rendu au chef de l'État le droit de prononcer la réhabilitation que la Constituante attribuait à l'autorité judiciaire ; mais aucune n'a pensé que le pouvoir judiciaire pût rester étranger à un pareil acte. Au fond, et malgré le compromis auquel elles se sont arrêtées, c'est le principe de la Constituante qui les domine, et si, par un souvenir peut-être exagéré du passé, elles ont cru devoir restituer le droit de réhabilitation à la prérogative du chef de l'État, si elles lui ont ainsi donné le dehors d'une grâce, elles n'ont point oublié qu'elle est au fond une justice pour le coupable amendé, et il est toujours vrai de dire que « la grâce dérive de la clé- » mence du prince et la réhabilitation de sa jus- » tice (1). »

Justice pour le coupable, sous la double condition de l'expiation accomplie par la peine et du repentir garanti par l'épreuve, tel est encore au fond l'esprit de nos lois sur la réhabilitation. Cet esprit de miséricordieuse justice, nous le devons particulièrement au christianisme, aux idées de douceur et d'humanité qu'il a déposées dans la conscience publique, à sa théorie de la pénitence. « C'est le » triomphe du christianisme, a dit M. Guizot, d'a- » voir placé le scrupule et les remords dans l'âme » des nations entières et d'avoir ainsi rendu pos-

(1) La réhabilitation est redevenue une prérogative de la couronne ; mais cette attribution extraordinaire ne change rien à la nature de cette institution : la réhabilitation ne dérive point, comme la grâce, de la clémence du roi, mais de sa justice. — M. Faustin Hélie, *Revue de législation*, t. VII, p. 38.

» sible et comme assurée la cessation de maux
» dont l'antiquité ne s'apercevait pas et l'accom-
» plissement d'améliorations que les hommes les
» plus vertueux n'auraient su ni espérer ni conce-
» voir (1). »

(1) M. Guizot, *Vie de sir Robert Peel.*

LIVRE PREMIER.

DE LA RÉHABILITATION DANS LE DROIT ROMAIN.

CHAPITRE PREMIER.

DE LA *RESTITUTIO IN INTEGRUM* SOUS LA RÉPUBLIQUE.

La réhabilitation n'était point à Rome ce qu'elle est devenue chez nous, un acte de justice, mais une simple extension, et pour ainsi dire un cas particulier de la grâce, un acte de clémence émané, suivant les temps, du peuple ou de l'empereur.

Sous la République, le peuple exerçait lui-même sa souveraineté et tenait dans ses mains le suprême ressort judiciaire. Soit qu'il jugeât directement l'affaire, soit qu'il remît à un délégué (*quæstor*) le soin d'en connaître, ou qu'il permît au sénat de l'évoquer, la sentence rendue par l'assemblée souveraine ou ses délégués était sans appel ; même alors que les commissions furent devenues permanentes, sous le système des *quæstiones perpetuæ*, ce principe so maintint (1). Les tribuns seuls pouvaient, par leur *veto*, modifier ou même empêcher l'exécution d'une sentence ; mais, à défaut de l'*intercessio* tribunitienne, le condamné n'avait d'espoir que dans une autre

----

(1) M. Laboulaye, *Essai sur les lois criminelles des Romains*, p. 157.

décision des comices, dans une loi nouvelle qui le réhabilitât en rétractant l'arrêt prononcé contre lui soit par les comices eux-mêmes, soit par les commissions ou par le sénat. C'était, dans tous les cas, l'assemblée du peuple qui prononçait cette réhabilitation ; le juge délégué ne pouvait, on le sent bien, abroger à son gré ses propres jugements : c'eût été le renversement de toute justice et de toute souveraineté.

L'histoire nous fait connaître plusieurs de ces lois de réhabilitation : toutes sont relatives à des exilés, ce qu'explique le grand principe constitutionnel, qui ne permettait pas de dépouiller un citoyen malgré lui de sa qualité, et lui laissait la faculté de prévenir la condamnation par l'exil ; ce principe rendait la pénalité à peu près comminatoire. La peine de mort et l'amende étaient presque les seules peines usitées sous la République ; on s'exilait pour éviter une condamnation capitale, ou même pour se soustraire à une amende qu'on ne pouvait ou ne voulait payer. Cet exil était sanctionné par l'interdiction de l'eau et du feu, et l'exilé retranché de la cité en perdait toutes les prérogatives (1) ; il fallait, pour les lui rendre, une loi qui le réhabilitât.

La plus ancienne de ces lois est celle par laquelle les Romains réfugiés à Véies, pendant que les Gaulois assiégeaient le Capitole, rappelèrent Camille exilé pour lui confier la dictature (2). Depuis, Popilius, exilé par l'influence de C. Gracchus pour les violences qu'il avait exercées pendant son consulat contre les partisans de Tibérius, fut, après la mort de Caïus et le triomphe de l'aristocratie, rappelé dans la cité par le peuple, sur la

(1) Cic., *Pro domo*, 30.
(2) Liv. 5, 46.

motion du tribun Bestia (1). Métellus le Numidique,
contraint de s'exiler afin d'éviter l'amende à laquelle il
avait été condamné pour n'avoir pas juré des lois imposées par la violence, dut son rappel aux prières de son
fils et des plus illustres citoyens, et au souvenir de sa
gloire (2). Marius, exilé par Sylla et vainqueur aux
portes de Rome, voulut, pour ne devoir son retour qu'à
la légalité, que les comices votassent sa réintégration (3),
et, sur la proposition des tribuns, tous ceux qu'avait
proscrits Sylla pendant son consulat furent aussitôt réin-
tégrés. Cicéron enfin, victime de la haine de Clodius,
réduit à s'exiler volontairement pour échapper à la condamnation, n'en fut pas moins, deux ans après, malgré
la loi qui défendait sous peine de mort de lui donner
asile ou de proposer son rappel, rendu à sa patrie et
rétabli dans ses droits, du suffrage unanime du sénat,
du peuple et de l'Italie. Le 21 mai de l'an de Rome 697,
un décret du sénat prononça son rappel ; trois mois s'é-
coulèrent avant que ses amis pussent faire ratifier ce
décret par le peuple. Enfin, le 4 août, les comices-centuries le sanctionnèrent par un vote unanime (4). Nous
voyons encore César, à son retour d'Espagne et pendant
sa dictature, faire réhabiliter par le peuple, *judicio populi*,
quelques-uns de ses partisans notés par les censeurs (5)

(1) Cic., *Brutus*, 31.
(2) Appien., *G. c.*, I, 33.
(3) Appien., *G. c.*, I, 70. — Cic., *Post. red. ad senatum*, in fine.
(4) Cic., *In Pisonem*, 15 : « Consentiente populo romano atque una voce. »
(5) Cette note des censeurs infligeait une sorte d'infamie ; si nous n'en parlons pas plus longuement, c'est qu'elle était le résultat d'une appréciation discrétionnaire et non d'une condamnation judiciaire. Cicéron, du reste, nous ap-
prend qu'elle pouvait être, dans certains cas, effacée par un décret du peuple
(*Pro Cluentio*, 43).

ou condamnés pour brigue, par application de la loi Pompeia, alors que Pompée occupait Rome avec ses légions. C'était un dernier hommage au principe de la souveraineté du peuple, mais qui n'était déjà plus qu'une vaine forme ; César avoue qu'il agissait ainsi par politique bien plus que par respect du droit (1).

Tels sont les exemples de réhabilitation que nous trouvons sous la République : ce sont, on le voit, des actes d'un caractère mixte, judiciaires dans la forme, politiques dans leur but. L'imminence du péril, les retours des partis, le sentiment d'une grande injustice, ou l'éclat d'une grande renommée les dictent tour à tour ; les armes même les imposent quelquefois. Mais à Rome, on trouve, jusque dans le péril et la violence le respect des formes et de la justice, la reconnaissance de la souveraineté populaire : le peuple ne fera Camille dictateur qu'après l'avoir réhabilité par une loi, et Marius tout-puissant feint de n'oser rentrer dans Rome et y reprendre ses droits sans le suffrage du peuple.

Quels comices étaient appelés en pareil cas à prononcer ? Ils paraissent avoir changé avec le temps. D'après le texte de Tite-Live, une même loi curiate rappela Camille et le fit dictateur (2), Aux comices-curies succédèrent les comices-tribus. Popilius, Métellus, Marius, furent tous rappelés *tribunitiis rogationibus* (3), c'est-à-dire, sans aucun doute, par les comices-tribus que les tribuns avaient le droit de saisir de toutes propositions. Cicéron se glorifie d'être le premier dont la restitution ait été pro-

---

(1) César, *B. c.*, III, 1. — Suétone, *J. c.*, 41.
(2) « Comiciis curatis revocatus de exilio » (V, 46).
(3) Cic., *ad Senat.* in fine.

noncée par les comices-centuries (1). Les réformes de Sylla venaient de leur donner la prépondérance et de les substituer aux comices-tribus dans le vote des lois.

Le sénat n'avait-il aucune part à ces actes? Il paraît bien, d'après Tite-Live, qu'il participa au rappel de Camille (2). Mais il demeure entièrement étranger, ce semble, aux rogations suivantes, et nous ne le voyons plus intervenir que dans le rappel de Cicéron ; le décret par lequel il l'avait prononcé eut besoin d'être ratifié par les comices. Le sénat ne pouvait donc seul à Rome, et sans le concours du peuple, prononcer la réintégration d'un citoyen (3). Mais le sénat, qui paraît n'avoir eu à Rome qu'une juridiction empruntée, avait sur les provinces la juridiction suprême (4), non-seulement pour réprimer les crimes qui intéressaient la souveraineté de Rome, mais encore pour prononcer entre les provinciaux et les magistrats romains. On pouvait, dans les provinces, invoquer l'intercession du gouverneur contre les sentences des magistrats inférieurs. Les décisions des gouverneurs pouvaient être réformées par le sénat, et l'organisation provinciale offrait ainsi un commencement de hiérarchie entièrement absent de la constitution de Rome. Bien qu'aucun texte ne l'indique précisément, il ne nous paraît pas moins probable que le sénat dut quelquefois restituer au criminel contre une sentence in-

---

(1) Cic., *ibid.*, 11.

(2) « Non si me senatu consulto populique jussu revocaretis » (Liv, 5, 48). — Peut-être ce texte n'est-il qu'un anachronisme. Tite-Live peut avoir reporté au temps de Camille ce qui se passait de son temps ou dans les temps bien connus de la République. L'époque de Camille et des Gaulois était, on le sait, fort obscure, même pour les Romains.

(3) Ce point ne nous semble pas toutefois parfaitement éclairé.

(4) Polybe, VI, 13.

juste ou impolitique, et exercer ainsi vis-à-vis des provinciaux une sorte de droit de grâce (1). A Rome, Sylla transporta du peuple au sénat la suprême juridiction, et malgré la loi Pompeia qui rétablissait le tribunat, et la juridiction des comices, le sénat en garda désormais la meilleure part.

Les magistrats n'usurpèrent-ils jamais ce droit de *restitution?* Le préteur, par exemple, qui jouissait, en matière civile, d'un droit de restitution si étendu, ne l'exerça-t-il jamais en matière criminelle? Certains textes semblent l'indiquer (2). Mais s'il en fut ainsi, ce dont on peut légitimement douter, de pareils actes ne durent être que des abus passagers, favorisés par la confusion des derniers jours de la République, où tous les pouvoirs sortaient également de la constitution, et comme le dit Cicéron, avant-coureurs de la dissolution de l'État (3). Le pouvoir impérial sut bien se saisir d'une arme aussi puissante.

Si l'on excepte le *veto* des tribuns qui pouvait empêcher l'exécution, la *restitutio in integrum* paraît donc avoir été à Rome, sous la République, l'unique mode de rétractation des sentences criminelles. Ce n'était point, on le voit, une institution régulière, un droit ouvert dans certains cas, mais une mesure d'exception dont les motifs variaient, tantôt individuelle, tantôt collective, et qui se rapproche moins de la réhabilitation telle que nous l'entendons aujourd'hui que de l'amnistie.

(1) Arg., Liv. 39, 3.

(2) Cic., *Second discours pour la loi agraire,* 4. — Dig , L. 1, § 10, *De postulando.* — Le préteur ne le pouvait sans doute qu'indirectement, au moyen de la *restitutio* ordinaire (V. M. de Savigny, t. II, p. 108, note).

(3) Cic., *loco citato.*

De pareilles lois d'ailleurs étaient rares : Cicéron parle
de quelques citoyens, *nonnullos*, ainsi réhabilités avant
lui. On sollicitait du peuple la restitution du condamné,
comme l'absolution d'un accusé. La famille entière et les
amis prenaient le deuil, et cherchaient à émouvoir la
pitié publique par leurs prières et leurs larmes. Le frère
de Cicéron ne cessa d'implorer son retour, et le jeune
Métellus mérita le nom de Pius par sa persévérance à
solliciter la grâce de son père. On rappelait les services,
la gloire de l'exilé ; on déplorait sa fortune présente, et
l'on tâchait ainsi d'arracher à la pitié ou à reconnaissance
réveillée du peuple, la rétractation de la sentence. Les
plus grands citoyens ne dédaignaient pas de descendre
à ces prières pour un parent ou un ami. C'était une véritable grâce implorée de la clémence du souverain ;
seulement, le souverain alors était un peuple (1).

Quant aux effets de cette *in integrum restitutio*, ils paraissent avoir été ce qu'ils furent depuis sous l'empire.
En s'exilant, on perdait la qualité de citoyen et tous les
droits civils et politiques qui y étaient attachés : c'était
une véritable mort civile. On reprenait par la *restitutio*
tout ce qu'on avait perdu. Aussi était-elle considérée
comme une sorte de résurrection. Cotta, dans Salluste,
dit qu'il lui doit une seconde vie, *bis se genitum;* Cicéron en parle de même ; il appelle le consul qui a proposé
son retour un autre père, le jour où il est rentré à Rome
un autre jour natal (2) : métaphores exagérées, mais qui
montrent bien et l'importance qu'on attachait aux droits
de citoyen, et le caractère d'une pareille réintégration.
C'était le recouvrement de la cité avec toutes ses préro-

(1) Cic., *Post. red. ad sen.*, 15. — *Ad Quir.*, 3 et 4.
(2) « Parens.., mihi natalem Lentulus constituit » (ad Sen., 11).

galives, de la fortune même depuis que la confiscation avait été introduite par les lois de Sylla. Biens, honneurs, rang, dignités (1) étaient rendus par la réhabilitation, comme ils avaient été enlevés par la sentence.

CHAPITRE II.

DE LA *RESTITUTIO IN INTEGRUM* SOUS L'EMPIRE.

L'avénement de l'empire transporte la souveraineté du peuple au prince ; la hiérarchie se fonde, et l'empereur devient le maître suprême de la justice comme du reste. Dès lors, le droit de remettre les peines et les incapacités qu'elles entraînent, devient peu à peu, par l'effet même de l'organisation nouvelle, une prérogative impériale dont le pouvoir se montre jaloux (2). Aucun juge, pas même le préteur qui peut révoquer ses édits, ne peut révoquer une sentence (3). La peine prononcée, on ne peut plus ni l'aggraver ni l'adoucir sans le prince (4). Les magistrats provinciaux, les présidents plus soustraits à l'action du pouvoir, ne peuvent non plus restituer les condamnés, et nous trouvons dans des textes nombreux la revendication de ce droit pour l'autorité impériale (5). Le préfet du prétoire lui-même, qui statuait *vice sacra*, paraît n'avoir pas eu cette prérogative, exclusivement réservée à la personne de l'empereur (6). Les textes men-

(1) « Jam vero honos, dignitas, locus, ordo... fortunæ, beneficia vestra » (Cic., *Post red. ad Quir.*, 1).

(2) Pline le Jeune, *Lettres*, L. 10, lettre 65.

(3) D., L. 14, *De re judicata*.

(4) D., L. 45, § 1 ; L. 55, *ibid*.

(5) D., L. 4 ; L. 27, *princ.* ; L. 31, § 1, *De pœnis* ; L. 1, *in fine*, *De quæst*.

(6) Lamprid. in *Commod*.

tionnent encore le droit du sénat (1), et les princes modérés paraissent l'avoir consulté. Claude lui-même, d'après Suétone, ne restitua aucun exilé que de l'autorité du sénat (2), et Antonin fit de même pour les déportés (3). Mais bien qu'alors le sénat fût, au moins de nom, l'héritier véritable de la juridiction populaire, et en quelque sorte la représentation de la République, ce pouvoir s'explique difficilement en ses mains, et l'on a peine à comprendre pareille tolérance de la part des empereurs; autant ils étaient intéressés à laisser au sénat, docile instrument de leurs volontés, la responsabilité d'odieuses condamnations, autant l'étaient-ils à lui enlever l'exercice du droit de grâce. Cette prérogative laissée au sénat comme au dépositaire nominal de la souveraineté populaire, dut être plus vaine qu'aucune autre ; là, plus que partout ailleurs, son intervention dut se borner à l'enregistrement de la volonté impériale, et tout porte à croire qu'elle devint avec le temps de plus en plus rare.

Ce fut aux mains de l'empereur que se concentrèrent les véritables attributs de la souveraineté. Sans parler de l'appel, par lequel il était le supérieur hiérarchique de toutes les juridictions de l'empire, sous le nom générique d'*indulgentia*, il réunissait dans ses mains, confondues dans la forme, mais distinctes déjà par leurs effets, les diverses institutions que nos lois ont depuis séparées. De même qu'il pouvait, par une *abolitio*, arrêter des poursuites commencées (4), ou, dans certains cas, sur la supplique qui lui était adressée, ordonner la révision d'un

---

(1) D., L. 1, § 10, *De postulando*.
(2) « Neminem exulum, nisi ex senatus auctoritate restituit » (Suet., in *Claud*).
(3) Julius Capitolinus.
(4) Paul., sent. 5, 7. — Code, L. 1, *De gen, abolit*.

procès (1) ; il pouvait ou remettre simplement la peine, et c'était alors la grâce proprement dite, qui, loin d'effacer la condamnation, la supposait juste et laissait le condamné sous le coup des incapacités et de l'infamie dont elle l'avait frappé (2) ; ou, par une grâce plus efficace, qui prenait alors le nom de *restitutio*, remettre quelques-unes de ces incapacités, ou même les effacer toutes et rendre au condamné l'intégrité de sa capacité et de ses droits (3). C'était alors une vraie réhabilitation, *in integrum restitutio*. Il accordait même quelquefois, selon Cujas (4), l'abolition pleine et entière de toute une catégorie de crimes. Ainsi, droits d'amnistie, de révision, de grâce, de réhabilitation se réunissaient alors dans ce qu'on pourrait appeler, si l'expression n'était d'un autre temps, la prérogative impériale, véritable modèle de notre ancienne prérogative royale, et de ces lettres si nombreuses de grâce, de réhabilitation, de révision, etc., qui n'étaient, comme à Rome, que des volontés du prince, et dont, à défaut de garanties constitutionnelles, les légistes s'étudiaient à reconnaître et à distinguer les formules.

La *restitutio in integrum* devint ainsi, aux mains des empereurs, une intitution sinon régulière, puisquelle n'avait d'autre règle que leur volonté, au moins d'un usage fréquent, qui appela l'attention des jurisconsultes, et prit sa place dans l'économie du droit. Les peines, peu nombreuses sous la République, s'étaient multipliées

(1) D., L. 33, *De re judicata.*
(2) Code, L. 3. *De gen. abolit.*
(3) Code, L. 1, *De sent. passis.*
(4) Cujas, ad tit., Cod., *De gen. abolit.* — La loi 2, *De gen. abolit.*, dit en effet : « Indulgentia nostra crimina extinxit. »

sous l'empire ; la *restitutio* ne s'appliqua plus seulement
aux conséquences des condamnations à l'exil, ou à la
déportation, mais de toutes les peines qui altéraient en
quelque façon la capacité du citoyen. Si elle n'eut pas à
cette seconde époque plus que dans la première le caractère qu'elle a revêtu de nos jours, celui d'un acte de
justice, tout en demeurant une des formes de la clémence
impériale, elle se distingua de la grâce pure par ses
effets : « Toutes deux, dit un auteur, émanaient du
» prince : quand il ne remettait que la peine, c'était la
» grâce ; quand il effaçait les incapacités qu'elle avait
» fait encourir, c'était la réhabilitation (1)..» Mais, sauf
cela, la grâce et la *restitutio* se confondent, et l'étude
n'en peut être séparée : nous nous attacherons toutefois
à ce qui est particulier à la réhabilitation.

Sous quelle forme se produisait cette faveur du prince ?
Elle pouvait être expresse ou tacite : tacite, par exemple,
quand l'empereur accordait au condamné une fonction
que la condamnation l'avait rendu incapable d'exercer.
Expresse, elle s'accordait généralement sous forme de
rescrit (2); mais dans un temps où chaque mot de l'empereur était un arrêt ou une loi, un mot de l'empereur
suffisait : c'est ainsi qu'un texte curieux nous montre
Caracalla au sortir de son appartement, et au moment
où il vient d'être salué par ses officiers, restituant ver-
balement un citoyen qu'ils lui présentent, et qu'un gouverneur de province avait condamné à la déportation (3).

L'exercice de ce droit était-il soumis à quelque condition? Ce ne pouvait être, puisqu'il ne dépendait que de

---

(1) Favard de Langlade, *Rép.*, v° *Réhabilitation*.
(2) Cod. Just., L. 33, *De decurion. — Cod. Théod.*, L. 7, *De pœnis.*
(3) Cod., L. 1, *De sent. pa sis.*

la volonté du prince. Un texte semble bien indiquer que l'empereur ne restituait pas sans causes (1). Mais quelles étaient ces causes? Lui seul en était juge; il n'avait à respecter aucune règle, il restituait donc qui il voulait, et quand il voulait : peu importaient et la nature du crime et la gravité de la condamnation, peu importait que la peine fût ou non subie, et que la condamné donnât ou non des signes de repentir. Qu'on ne croie pas cependant que ce droit fût toujours exercé sans discernement et comme par caprice. Dès le règne de Tibère, un sénatus-consulte établit pour les affaires jugées par le sénat un intervalle de dix jours entre la condamnation et l'exécution, afin de donner à l'empereur le temps d'examiner les titres du coupable à son indulgence (2). Cet intervalle fut porté à trente jours par Valentinien et Théodose pour les sentences impériales (3). A chaque avénement, il était d'usage que le nouveau prince accordât aux citoyens exilés par son prédécesseur une *generalis indulgentia*. César en avait donné l'exemple à son retour d'Espagne, en rappelant tous les exilés, sauf Milon (4). On allait même parfois jusqu'à rétablir l'intégrité de la mémoire. C'est ainsi que Pertinax, en même temps qu'il rappelait les citoyens déportés par Commode pour crime de lèse-majesté, réhabilita la mémoire de ceux qu'il avait fait mettre à mort : « *eorum memoria restituta qui occisi* » *fuerant* (5), » idée morale délicate, qu'on s'attendait peu à rencontrer au milieu des horreurs de l'empire.

(1) D., L. 4, *De pœnis*, in fine.
(2) Suét., in *Tib.*, 75. — Tacite, *Ann.*, III, 51.
(3) C., L. 20, *De pœnis.*
(4) Applen., *G. c.*, liv. 2.
(5) Jul. Capitolinus in *Pertinace.*

Les jurisconsultes romains s'élevèrent même, on le sait, sous l'influence de la philosophie stoïcienne, jusqu'à l'idée de la correction du coupable par la peine (1) : mais nous ne voyons pas que de ce point de vue nouveau aucune institution soit née, ni qu'ils aient jamais associé à cette idée de la réforme du coupable celle de sa réhabilitation, et songé à faire de l'une la condition de l'autre. La loi Julia *ambitus* promettait bien la réhabilitation à l'*ambitieux* condamné qui en ferait condamner un autre (2). C'était une prime offerte à l'accusation, non une récompense promise au repentir. Il semble pourtant qu'ils aient vu dans la réhabilitation une sorte de retour à l'honneur, et lui aient attribué comme une vertu particulière ; en effet, d'après la loi Julia *De adulteriis*, le meurtre par le mari du complice de sa femme adultère surpris en flagrant délit dans sa maison était excusable, si la victime était un citoyen condamné par un *judicium publicum* qu'une réhabilitation n'eût pas relevé : plus d'excuse s'il avait été réhabilité (3). Disposition étrange, mais curieuse, en ce qu'elle regarde la vie du condamné réhabilité comme plus précieuse que la vie de l'homme encore sous le coup de l'infamie.

Quand, avec Constantin, le christianisme eut porté sur le trône son esprit de douceur et d'indulgence, les actes de clémence se multiplièrent : exercé au nom d'une religion de miséricorde, le droit de grâce acquit plus d'autorité, et l'on songea, pour en prévenir l'abus, à en régler l'exercice.

---

(1) D., L. 20. *De pœnis.* — Aulu-Gelle, lib. 6, cap. 14.
(2) D., L. 1, § 2, *De leg. Julia ambitus :* « Qua lege damnatus, si alium consicerit, in integrum restituitur. »
(3) D., L. 24, *Pr. ad leg. Jul. de adult.*

Une constitution des empereurs Valentinien, Théodose et Arcadius, de l'an 385, posa deux principes importants. Elle déclarait indignes du bénéfice de la grâce un certain nombre de crimes : c'étaient l'adultère, l'inceste, le viol, le rapt, le sacrilége, le parricide, l'empoisonnement, l'homicide, la fabrication de fausse monnaie, l'accusation calomnieuse et le crime de lèse-majesté. En second lieu, elle refusait la grâce aux récidivistes, ou plutôt à ceux qui retombaient deux fois dans le même crime, par ce motif qu'ils auraient dû profiter de l'impunité pour se corriger : « Remissionem veniæ crimina « nisi semel admissa non habeant, nec in eos liberalitatis » augustæ referatur humanitas, qui impunitatem veteris » admissi, non emendationi potius quam consuetudini de» putaverunt (1). » Nous voyons pour la première fois dans ce texte la conduite du coupable exercer quelque influence sur le droit : l'impénitence sera désormais un obstacle à la grâce ; donc aussi, sans doute, le retour au bien sera un titre à l'indulgence impériale. Une constitution d Honorius, de l'an 400, excepte également de la grâce qu'elle accorde collectivement à tous les condamnés à la déportation, ceux qui ont refusé de se soumettre à la condamnation et de se rendre au lieu où ils devaient subir leur peine ; car, dit cette constitution, celui qui après la condamnation se révolte contre la loi est indigne de pardon : « Indignus est enim humanitate qui post » damnationem commisit in legem (2). » La soumission à la peine semblait ainsi devenir une des conditions de la grâce.

(1) Cod., L. 3, *De episc. aud.*
(2) Cod. Th., L. 10, *De indulgent. criminum.*

CHAPITRE III.

DES EFFETS DE LA *RESTITUTIO IN INTEGRUM*.

Après avoir recherché la nature et la forme de la *restitutio in integrum*, il nous reste à en étudier les effets. Pour cela, il faut avant tout rappeler brièvement les principaux traits du système pénal romain.

Les peines, en droit romain, sont capitales ou non capitales (1). Les peines capitales sont celles qui privent le condamné de la vie, de la liberté, ou au moins de la cité ; toutes les autres peines sont non capitales (2).

Ces deux sortes de peines ont des effets très-différents sur la capacité ; les peines capitales entraînent toujours soit la *maxima*, soit au moins la *media capitis minutio*. La première retranche en quelque sorte le condamné du nombre des vivants, en le réduisant à un esclavage où il n'a plus aucune capacité (3); la seconde le retranche de la cité, lui enlève tous les droits civils et politiques, mais lui laisse du moins, avec la liberté, les facultés du droit des gens (4). Les peines non capitales, au contraire, ont des effets beaucoup moins étendus; elles n'entraînent aucune *capitis minutio* : elles peuvent seulement, dans certains cas, atteindre le condamné dans sa capacité en le frappant d'infamie.

Chacun sait qu'en droit romain l'infamie était un état juridique formel ; c'était la perte de l'*æstimatio*, comme

(1) Inst. Just., IV, 18, 2.
(2) D., L. 2, *De publ. jud.*
(3) D., 33, 1, 59, § 2.
(4) D., 48, 22, 15.

nous dirions la perte de l'honneur sanctionnée par la loi.
Attachée par le mépris public aux professions déshon-
nêtes, elle résultait aussi dans certains cas des condamnations criminelles; toute condamnation à une peine
capitale rendait infâme, mais sans que l'infamie eût alors
par elle-même aucun effet sur la capacité. Les condamnations à des peines non capitales ne frappaient d'infamie
que dans deux cas : lorsqu'elles résultaient d'un *judicium
publicum*, nom donné aux procédures réglées par une loi
spéciale, ou s'il s'agissait d'un crime poursuivi *extra
ordinem*, quand le fait incriminé était de ceux pour lesquels une condamnation civile était également infā-
mante (1).

Elle entraînait alors de nombreuses incapacités. « L'in-
» famie, dit Sigonius, enlève à peu près tout droit aux
» fonctions civiques : *Infamia jus munerum honorumque
» civilium ferme adimit* (2). » L'infâme reste citoyen, mais
il perd tous les droits politiques, jusqu'au droit de suffrage (3); il ne peut remplir aucune fonction publique,
militaire (4) ou municipale (5); il perd les honneurs de
la curie, sans être exempté toutefois des charges qu'elle
impose (6); il est incapable d'être juge ou assesseur (7),
accusateur (8), témoin (9). De même, il est sous le coup
de certaines incapacités de droit privé : s'il peut agir en

(1) D., L. 7, *De publ. judic.*
(2) Sigonius, *De judiciis.*
(3) Cicéron, *Pro Cluentio.* — M. Savigny, t. II, p. 202.
(4) D., L. 4, § 4, *De re militari.*
(5) D., L. 5, *De decur.*
(6) Cod. Just., X, 57, 1
(7) D., L. 2, *De officio adsess.*; L. 12, *De jud.*
(8) D., L. 8, *De accusat.*
(9) D., L. 3, pr. et § 5, *De testibus.* — M. de Savigny (t. II, p. 221) pense
que ce n'était pas une conséquence nécessaire de l'infamie.

justice pour lui-même, il ne le peut par l'intermédiaire d'un *cognitor* ou *procurator ;* il ne peut remplir ce rôle pour un autre, ni par conséquent être cessionnaire d'aucune action (1). Il ne peut postuler pour autrui, si ce n'est pour de proches parents ou pour son patron (2); son infamie est, dans plusieurs cas, un empêchement prohibitif du mariage. Enfin, depuis Dioclétien, elle permet à certains collatéraux d'attaquer comme inofficieuse l'institution faite à son profit (3).

Ces incapacités ne résultaient pas seulement de l'exécution de la peine, elles étaient produites par la condamnation même et dataient de la sentence (4). De plus, ce qui importe surtout, elles étaient perpétuelles (5). Quand la peine était capitale, une telle peine étant toujours perpétuelle, les incapacités ne s'en distinguaient pas et n'avaient pas, pour ainsi dire, d'existence à part, à moins que le prince, remettant seulement la peine, ne laissât subsister les incapacités qu'elle avait produites; mais les peines non capitales pouvaient être temporaires, et alors les incapacités ne se confondaient plus avec la peine et lui survivaient : « Ad tempus in opus publicum damnati, » damno infamiæ *post impletum tempus* subjiciuntur (6). » Dans ces deux cas apparaît la nécessité, pour les effacer, d'une intervention du prince distincte de la grâce pure, d'une volonté expressément formulée de remettre au condamné non-seulement la peine, mais les incapacités

---

(1) Inst. Just., IV, 13, 11. — Paul., sent. I, 2, pr. — Frag. vat. 324.

(2) D., L. 1, *De postul.*, §§ 8 et 11.

(3) Inst. Just., II, 18, 1. — Cod. Just., L. 27, *De inoff. test.*

(4) D., L. 29, *De pœnis.*

(5) D., L. 5, *De decur.*; L. 4, § 4, *De re milit.* — Cod., L. 6, *Ex quib. c. inf.* — Cic., *Pro Cluentio*, 42.

(6) Cod., L. 6, *Ex. q. c. inf.*

qu'elle a entraînées, d'une *restitutio*, en un mot, totale ou partielle. Ces distinctions, toutefois, n'avaient point été systématisées par les jurisconsultes romains ; l'étendue de la faveur accordée par le prince dépendait des termes dont il s'était servi. La simple *indulgentia* et la *restitutio* n'étaient point, encore une fois, des institutions distinctes, mais des faveurs plus ou moins efficaces, l'exercice plus ou moins large de la prérogative impériale.

Avant donc de parler des effets de la *restitutio* proprement dite, qui n'est qu'une grâce plus étendue, nous devons commencer par dire un mot de la grâce simple.

Elle est ou collective ou individuelle.

L'*indulgentia generalis* ou *communis* est l'acte par lequel le prince permet à toute une classe de condamnés, en général à tous les exilés ou déportés, de rentrer dans l'État. Nous en trouvons la formule au Code Théodosien dans une constitution d'Arcadius et Honorius : « Omnes » omnium criminum reos vel deportatione depulsos, vel' » relegatione aut metallis deputatos, quos insulæ variis » servitutibus aut loca desolata susceperunt, hac nostra » indulgentia liberamus (1). » Elle ne comprend pas ceux qui se trouvent par la qualité de leur peine, *pistrinis addicti*, et qui ont toujours besoin d'un rescrit spécial (2). Les effets en sont limités : elle remet la peine, mais elle ne rend point l'*existimatio* ni même tous les droits privés et de famille, par exemple la puissance paternelle ou la puissance dominicale (3).

L'*indulgentia specialis*, ou grâce individuelle, ne fait

(1) Cod Théod., L. 10, *De indulg. crim.*
(2) *Ibid.*, L. 7, *De pœnis.*
(3) Cod., *De sent. pass.*, L. 5 ; L. 9.

non plus que libérer de la peine sans effacer l'infamie et
les incapacités produites par la condamnation : loin de
là, elle consacre en quelque sorte la condamnation, puisqu'elle en maintient tous les effets passés et ne les efface
qu'en partie à l'avenir. Telle est la décision de la célèbre
loi 3, au Code, *De generali abolitione : « Indulgentia, P. C.*
» quos liberat, notat ; nec infamiam criminis tollit, sed
» pœnæ gratiam facit (1). »

Collective ou individuelle, la grâce pure n'avait donc
point d'effet sur les incapacités (2). Pour les effacer en
tout ou en partie, il fallait une faveur plus étendue, une
restitutio.

La *restitutio* est de deux sortes : ou bien elle spécifie les
droits qu'elle rend au condamné et il demeure alors privé
des autres : c'est la *restitutio* simple ou partielle : ou bien
elle procède par formule générale et réintègre le condamné dans tous les droits dont il jouissait avant la condamnation : c'est la restitution en entier, *in integrum restitutio.*

La *restitutio* simple est toujours imparfaite : elle peut
revêtir autant de formes que la condamnation peut enlever de droits. Tantôt elle efface l'infamie sans rendre
les dignités, tantôt elle rend les dignités sans les biens
ou sans la puissance paternelle, tantôt une partie seulement des biens (3). Tout y dépend des termes et de leur
étendue. Pour en déterminer les effets, il fallait donc
s'attacher à les interpréter. Les jurisconsultes romains

____

(1) D., L. 3, Cod., L. 2, *De sent. pass.* — Le poëte disait aussi :

Pœna potest tolli : culpa perennis erit. (Ov.)

(2) La loi 9, au Code, *De calumn.*, semble toutefois accorder à l'*indulgentia
generalis* un effet plus étendu qu'à l'*indulgentia specialis.*

(3) D., L. 2. — C., L. 3 ; L. 6, *De sent. passis.*

paraissent en avoir distingué les diverses formules dont ils précisèrent les effets, comme plus tard les légistes pour nos lettres royales. C'est ainsi qu'une vive controverse les divisa longtemps sur l'effet de la formule qui restituait au condamné dignités et biens (*dignitates ac bona*). Cette formule, lorsqu'il s'agissait d'un *paterfamilias*, impliquait-elle la restitution de la puissance paternelle, ou une clause formelle était-elle indispensable à cet effet? Papinien se prononçait pour l'affirmative, Ulpien et Paul pour la négative. La question demeura indécise jusqu'à Constantin qui, par une constitution de 321, se rangeant à l'opinion de Papinien, décida que la restitution de la dignité et des biens impliquerait désormais celle de la puissance paternelle (1).

C'est sans doute dans cette même raison de la nécessité de s'attacher strictement aux termes d'une pareille *restitutio*, qu'il faut chercher l'explication de la loi 6, au Code, *De sententiam passis*, qui décide que le fils de famille déporté auquel on rend les dignités dont il était précédemment investi, ne retombe pas pour cela sous la puissance paternelle.

Cette *restitutio* peut avoir lieu *cum bonis* ou *sine bonis*, et suivant l'un ou l'autre cas elle a des effets bien différents quant aux droits des tiers. Lorsqu'elle comprend la restitution des biens, tous les droits d'obligation renaissent tant au profit du restitué contre ses débiteurs, que des créanciers du restitué contre lui : « Princeps bona » concedendo videtur etiam obligationes concedere (2). » Les droits des créanciers dépendent, on le voit, de la

(1) L. 13, Cod., *De sent. pass.*
(2) D., L. 21, *De verb. sign.*

volonté du prince : s'il rend les biens confisqués, ils recouvrent leur gage ; s'il maintient la confiscation, ils n'ont plus ni gage ni action. Quand le condamné n'obtient que la restitution d'un objet particulier, il demeure encore libéré de ses dettes ; quand on lui rend une fraction aliquote de son patrimoine, ses dettes comme ses créances renaissent dans la proportion de cette fraction. Quand on lui rend tous ses biens elles renaissent en totalité (1). Si l'on offre au restitué de lui rendre ses biens et qu'il refuse de les reprendre, il n'en demeure pas moins soumis aux actions dont il était tenu avant la condamnation ; il ne peut dépendre d'un débiteur de frauder ses créanciers par un caprice de sa volonté (2).

Mais l'indulgence du prince peut s'étendre davantage encore, jusqu'à la restitution de tous les droits : nous arrivons enfin à la *restitutio in integrum*, à celle qui, selon l'expression de Paul, rétablit le condamné *per omnia* (3). La loi 1, au Code, *De sent. pass.*, nous en donne une formule : « Restituo te in integrum... ut autem scias quid » sit in integrum restituere, honoribus et ordini tuo et » omnibus cæteris te restituo. » C'est une vraie réhabilitation : elle lui rend ses biens, ses droits, l'aptitude aux honneurs et aux charges publiques. Sous ce rapport, il est désormais, dit Ulpien dans un texte remarquable, comme s'il n'avait pas été condamné : il ne peut plus exciper de sa position pour se dispenser de remplir les charges du citoyen : « *Perinde ac si nec damnatus es-* » *set, ad numera vel honores vocatur, nec opponet fortu-*

(1) C., L. 3, *De sent. pass.*
(2) D., L. 3, *De sent. pass.*
(3) Paul., *sent.* IV, 8, 21. — Cod., L. 1, *De sent. pass.* — Cujas, *ad hunc. titul.*

» *nam et casus tristiores suos, ad hoc solum ne patriæ*
» *idoneus civis esse videntur* (1). » Ce texte précise nettement le caractère de la *restitutio in integrum :* elle
n'exempte pas seulement le coupable de la peine comme
la grâce, mais elle lui rend avec les droits les devoirs du
citoyen. Dans certains cas même, elle relève aux yeux
de la loi le prix de sa vie et lui rend une protection que
l'infamie lui enlevait (2).

Ces effets ne s'étendent qu'à l'avenir ; mais la *restitutio
in integrum* a-t-elle aussi quelque influence sur le passé ?
Comme une fiction avec laquelle elle a plus d'un rapport,
a-t-elle un effet rétroactif ? Efface-t-elle le temps de la
peine, comme le *postliminium* efface le temps de la captivité ?

Sur cette grave et difficile question, on peut d'abord
affirmer, je crois, que cela dépendait avant tout de la
volonté du prince, et que s'il s'en expliquait, l'effet rétroactif devait être produit, sauf, bien entendu, les droits
des tiers. Mais que décidait-on quand il avait accordé
une *restitutio in integrum* sans s'expliquer sur ce point ?

Il nous paraît y avoir eu dans l'esprit des jurisconsultes romains tendance à assimiler la *restitutio in integrum* au *postliminium.* On la voit même, au Code
Théodosien, positivement qualifiée de *jus postliminii* (3).
Mais l'assimilation ne fut jamais complète (4), et la *restitutio* n'eut jamais, par conséquent, un effet rétroactif
général et absolu que le *postliminium* lui-même n'avait
pas.

(1) D , L. 3, § 2, *De numer.*
(2) D., L. 24, *ad leg. Jul. De adult.* V. *supra*, p. 43.
(3) Cod. Théod., L. 2, *De repudiis.*
(4) « Eodem *fere* modo, » dit Voët (ad *Pand.*, 48, 23).

Cette assimilation apparaît dans des textes nombreux : elle est particulièrement formelle et complète en matière de testament. De même que le testament invalidé par la captivité reprend sa valeur au retour du captif, en vertu du *postliminium*, de même le testament du condamné recommence à valoir par sa réhabilitation (1); et cette seconde solution est présentée comme une conséquence de la première. De même que Tryphoninus valide par une interprétation favorable les codicilles faits chez l'ennemi, Ulpien se prononce pour la validité des codicilles faits par le déporté pendant le temps de la déportation, s'il est réhabilité (2). Paul n'est pas moins explicite en matière d'hérédités *ab intestat*, et nous offre aussi le rapprochement et l'assimilation de la *restitutio* et du *postliminium* (3). La constitution de Constantin en garde encore la trace, et permet même de conclure qu'auparavant, non-seulement la *restitutio* replaçait les enfants sous la puissance paternelle, mais qu'en vertu de l'effet rétroactif qui lui était attribué comme au *postliminium*, elle annulait tous les actes qu'ils avaient pu faire, comme si la puissance du père n'eût jamais été interrompue : fiction que Constantin qualifie d'absurde, et qu'il supprime à l'avenir (4).

Mais s'il y avait ainsi similitude sur bien des points, il y avait aussi, nous l'avons dit, de graves différences. L'un des principaux effets du *postliminium*, c'est de rendre au captif les droits ouverts pendant sa captivité, c'est, si l'on peut ainsi dire, la rétroactivité quant au

(1) D., L. 6, § 12, *De inj. rapt. irr. test.*
(2) D., L. 12, § 5, *De captivis*; L. 1, § 5, *De legatis*, 3°.
(3) Paul., *sent.* IV, 8, 24.
(4) C., L. 13, § 1, *De sent. pass.*

droit de recueillir. L'état du captif est soumis à une condition suspensive, la condition de son retour. Or il n'en est
pas de même de la *restitutio*, et les droits du condamné
ne sont point suspendus à cet égard. La loi présume,
ou du moins espère (1) le retour du captif, non la réhabilitation du condamné. S'il a été institué héritier, s'il
lui a été fait un legs, et que le testateur meure avant sa
réintégration, c'est en vain qu'il viendrait ensuite réclamer le legs, ou prétendrait faire adition d'hérédité (2).
Tous les droits qui s'ouvrent pendant la durée de la
peine, quand elle est capitale, s'évanouissent aussitôt
parce qu'il n'y a plus de personne civile sur la tête de
laquelle ils puissent s'asseoir, et qu'aucune fiction n'est
venue ici déroger aux principes. Tandis que, pour
le prisonnier, le legs, l'institution demeurent en suspens, le condamné est tenu pour mort, *mortui loco habetur*, et tout se règle comme s'il n'existait pas. Cette solution était formelle et sans exception quand la peine était
de celles qui entraînent la servitude, *servitus morti
adsimilatur* (3). Pour les peines qui n'entraînent qu'une
media capitis minutio, peines dont la déportation est le
type, il paraît y avoir eu quelque hésitation dans la doctrine des jurisconsultes : mais dans la plupart des cas,
le déporté était également considéré comme mort (4).

Il semble toutefois qu'il en était autrement en matière
d'hérédités *ab intestat* : car Paul, dans un texte trop formel pour être autrement interprété (5), assimile entière-

(1) « Propter spem postliminii » (L. 4, § 2, *De bon. libert.*).
(2) D., L. 59, § 4, *De hered. inst.* — De même pour la possession de biens.
(3) D., L 59, § 2, *De cond. et dem.*
(4) D., L. 1, § 8, *De bon. poss. c. t.;* L. 4, § 2, *De bon. libert.;* L. 20,
§ 5, *De lib. et posth.*
(5) Paul., sent. IV, 8, 24.

ment sur ce point le *postliminium* et la *restitutio*. Mais il faut reconnaître qu'en matière d'hérédités testamentaires les deux institutions se séparaient profondément, et qu'on était plus sévère envers le citoyen qui avait failli qu'envers celui qui n'avait été que malheureux : la loi, nous l'avons dit, espère le retour de l'un, mais non la réhabilitation de l'autre : « Deportatis semper obstat, » dit un commentateur, « quod deportationem passi sunt. »

Après ces considérations générales sur le caractère de la *restitutio in integrum*, entrons maintenant dans le détail de ses effets. Nous en étudierons l'influence sur : 1° l'état et la capacité des personnes ; 2° les droits d'hérédité ; 3° les droits réels ; 4° les droits d'obligation ; 5° les droits des tiers ; 6° les biens acquis par le condamné pendant la durée de la peine (1).

État et capacité des personnes.—Les droits politiques, enlevés par la condamnation, étaient rendus par la *restitutio* ; ainsi du droit de suffrage. Elle rendait l'habilité aux fonctions, non les fonctions elles-mêmes : le restitué ne les reprenait qu'autant qu'elles n'avaient point été transportées à un tiers qu'il eût été illégitime d'en dépouiller ; il devait alors en attendre la vacance. Mais quand il les reprenait, c'était avec toutes les prérogatives qui y étaient auparavant attachées : ainsi, le décurion qu'une *restitutio* faisait rentrer à la curie avait le droit d'y opiner au même rang qu'avant la condamnation (2). Il recouvrait le droit d'agir en justice, comme s'il n'eût pas été condamné.

(1) Nous avons trouvé pour ce travail des textes assez nombreux dans une dissertation d'un jurisconsulte espagnol, *De pœna exsilii*, insérée dans le t. III du *Thesaurus* de Meermann.
(2) D., L. 2, pr. et § 1, *De decur.*

Quant à l'état civil, il reprenait autant que possible celui qu'il avait avant la sentence ; fils de famille, il était de nouveau soumis à la puissance paternelle (1) ; père de famille, il en recouvrait les droits (2). Constantin décida que si, par suite de la condamnation du père, un tuteur avait été donné aux enfants mineurs, cette tutelle cesserait par la réhabilitation du père, à moins qu'il ne fût indigne d'administrer, auquel cas il devait abandonner l'administration, mais demeurait soumis à la responsabilité du tuteur. Les droits d'agnations renaissaient (3), et *à fortiori* les droits de cognation (4). Par exemple, si un enfant conçu avant la condamnation de sa mère naissait pendant qu'elle était esclave de la peine, il était libre, mais aucun lien civil ne le rattachait à sa mère : si plus tard elle venait à être relevée de cet esclavage par une *restitutio*, elle recouvrait les droits de cognation vis-à-vis de son enfant (5).

Le mariage était dissous par toute condamnation qui entraînait la servitude de la peine (6) ; il ne l'était pas par la déportation (7). La réhabilitation le rétablissait-elle de plein droit ? Aucun texte ne statue précisément sur ce point. Sans doute, on appliquait encore ici la théorie du *postliminium*, et il fallait pour le rétablir un

(1) Point controversé entre les commentateurs pour la période antérieure à Constantin.
(2) Cod.; L. 13, *De sent. pass.*
(3) Paul., sent. IV, 8, 24.
(4) L. 1, § 4, ad s. c. *Tertull.*
(5) D., L. 4, *De sent. pass.*
(6) D., L. 1, *De divort.*
(7) D., L. 5, § 1, *De bon. damnat.*; L. 13, § 1, *De donat. int. v. et ux.*
— Cod., L. 24, *ibid.*

consentement nouveau (1). Au cas de *postliminium*, la femme du prisonnier ne pouvait refuser ce consentement à moins d'une juste cause. En était-il de même de la réhabilitation, ou la condamnation demeurait-elle, malgré la *restitutio*, une *probabilis causa?* Nous l'ignorons. La servitude de la peine une fois abolie par Justinien, aucune condamnation ne porta plus atteinte à la validité du mariage (2).

Droits d'hérédité. — Avec les liens de puissance, d'agnation et de cognation, renaissaient les droits qui y étaient attachés. Ainsi des droits d'héritier sien, et en général du droit aux hérédités légitimes (3). Au cas de condamnation à la déportation du patron ou de son affranchi, la réhabilitation de l'un ou de l'autre rétablissait le *jus patronatus*, et rendait ainsi au patron le droit fort important qui en était la conséquence de venir à la succession de son affranchi, et au cas où il aurait été dépouillé par son testament de la moitié qui lui était due, de demander la *bonorum possessio contra tabulas* (4). Le patron recouvrait également, par cette réhabilitation, le droit de ne pouvoir être cité *in jus* par son affranchi sans l'autorisation du préteur (5).

Le testament fait avant la condamnation et que la condamnation avait rendu nul, redevient valable par la

(1) D., L. 8; L. 14, § 1, *De capt.*

(2) Nov. XXII, cap. 8.

(3) Paul., sent. IV, 8, 24. — Que dire de la tutelle qui accompagne d'ordinaire le droit à l'hérédité légitime? — Nous ne connaissons aucun texte sur ce point, et nous hésitons à appliquer ici la règle suivie pour le *postlimini* m. — Voët veut que l'*onus tutelæ* renaisse avec l'*emolumentum successionis* (V. L. 8, D., *De tutel. et ration.*).

(4) D., L. 21, pr., *De jure patron.*; L. 3, § 7, *De bon. libert.*

(5) L. 10, § 6, *De in jus voc.*

restitutio (1). C'est l'application du principe : « media
» tempora non nocent. » Quant au testament fait pendant la durée de la peine, si elle est capitale, il demeure
nul comme fait par un pérégrin. Les codicilles n'étant
qu'un annexe du testament, Ulpien pense qu'au cas de
déportation, comme au cas de captivité, ils peuvent être
validés (2).

Quant au droit de recueillir, nous avons dit déjà qu'au
moins en matière d'hérédités testamentaires, les droits
ouverts pendant la durée de la peine étaient immédiatement frappés de caducité sans qu'une *restitutio* postérieure pût les faire revivre. Ainsi de l'institution d'héritier,
ainsi du legs, etc (3). Mais si ces droits, par exemple l'institution ou le legs dépendaient de l'événement
d'une condition, la condamnation survenue avant la réa-
lisation de la condition avait-elle comme la mort l'effet
de les éteindre sans retour? Il en était ainsi quand elle
entraînait la servitude de la peine qu'on assimilait à la
mort ; mais au cas de déportation ils demeuraient en
suspens dans l'espérance de la réhabilitation, « quia
» restitui in civitatem potest (4). » Si donc la condition venait ensuite à se réaliser, le réhabilité pouvait faire adition d'hérédité ou recueillir le legs ;
il pouvait de même être admis à la possession de
biens (5).

S'il s'agissait d'un *legatum annuum*, comme il était
censé comprendre plusieurs legs successifs, le condamné

(1) L. 6, *De inj. rupt. test.*
(2) D., L. 1. § 6, *De leg.,* 3°.
(3) D., L. 59, § 4, *De hered. inst.*
(4) D., L. 50, § 1, *De cond. et dem.*; L. 50, § 4, *De hered. inst.*
(5) *Ibid.*

devait y avoir droit à partir de sa réintégration (1).

Droits réels. — La réhabilitation rend au condamné les biens qui lui ont été enlevés par la sentence, autant que cette restitution peut se faire sans nuire aux droits acquis des tiers.

Et d'abord, le fisc rend les biens confisqués s'ils n'ont point encore été aliénés; car il ne peut pas plus qu'un simple particulier revenir sur les contrats qu'il a passés (2). Quant aux biens dont le *procurator fisci* n'avait point encore pris possession et qui n'étaient point encore incorporés aux biens de l'État, on les rendait sans difficulté. C'est ainsi que nous voyons dans Tacite l'empereur Othon restituer aux exilés qu'il rappelle la part des biens confisqués sur eux par Néron que le fisc ne s'était point encore appropriée (3). Arcadius et Honorius prohibèrent pendant deux années, à partir de la condamnation, l'aliénation des biens confisqués sur un déporté, afin de pouvoir les lui rendre s'ils venaient à le gracier dans ce délai (4). Tempérée par une constitution de Théodose qui laissait aux descendants en ligne directe la moitié de la succession (5), la confiscation fut abolie par Justinien, et le condamné eut désormais pour successeurs ses ascendants et descendants jusqu'au troisième degré (6).

Quant aux biens dévolus par la condamnation aux successeurs légaux, devaient-ils être rendus au condamné lors de sa réhabilitation? Ceux qui les avaient re-

<hr>

(1) D., L. 9 et 11, *De ann. leg.*
(2) Cod., L. 3 et 7, *De reso. vend;*. L. 5, *De fide et jure h. f.*
(3) Tacite, *Hist.*, 2.
(4) Cod. Théod., L. 17, *De bon. proscr.*
(5) Cod. Just., L. 10, *De bon. proscript.*
)6(Nov. 134, c. 13.

cueillis ne les détenaient-ils en quelque sorte que sous condition ? L'effet rétroactif de la *restitutio in integrum* s'étendait-il jusque-là ? C'est un point sur lequel il nous semble difficile de prononcer.

Les fruits produits par ces biens dans l'intervalle de la condamnation à la réhabilitation ne devaient pas sans doute être rendus au condamné : c'eût été le replacer dans la même situation que s'il n'eût pas subi de condamnation, et violer les principes admis en matière de possession de bonne foi. L'histoire pourtant offre des exemples de semblables restitutions (1).

En matière de propriété, la constitution de la société romaine donnait lieu à des questions qui n'ont plus chez nous d'équivalent. L'esclave, mis au rang des choses, n'y était pas moins puni comme un être libre, et la loi pénale était forcée de lui rendre ou plutôt de lui imposer la personnalité que lui refusait la loi civile. Cette anomalie d'un être qui était à la fois la propriété d'autrui et responsable de ses actes, donnait lieu à l'examen de l'influence de la peine sur ce droit de propriété. Tandis que chez nous la peine ne peut influer sur le droit de propriété qu'en atteignant le propriétaire, elle pouvait frapper, dans le droit romain, l'objet même de la propriété. L'esclave subissait-il une de ces condamnations qui entraînent la servitude, il ne faisait en quelque sorte que changer de maître : il cessait d'appartenir à son ancien propriétaire pour subir cet esclavage fictif appelé servitude de la peine. N'était-il condamné qu'à une peine moindre, par exemple aux fers, soit à temps, soit à perpétuité, il demeurait la propriété du maître (2). Dans

(1) Suet., in *Tib.*, 40.
(2) L. 10, pr., *De pœnis.*

ce dernier cas, toute grâce accordée à l'esclave ne pouvait avoir d'autre objet que de remettre la peine ; mais au premier, la propriété une fois enlevée au maître et transportée en quelque sorte à la peine par la condamnation (1), elle ne pouvait plus lui revenir, quand même l'esclave eût été gracié par le prince (2) ; et comme la grâce, qui suppose la faute, ne pouvait lui être un moyen d'arriver à la liberté, il devenait esclave public ; *fisci enim cœpit esse mancipium* (3). Pourtant, même alors, la loi gardait le souvenir de la propriété de l'ancien maître et le garantissait contre les injures qu'il eût pu recevoir de son ex-esclave (4). Ce principe, d'ailleurs, eût cédé, je pense, à une volonté formelle de l'empereur.

Les divers démembrements du droit de propriété, tels que l'usufruit, l'usage, devaient disparaître sans retour par la condamnation : la *capitis minutio* les éteint, et une fois éteints, ils ne sauraient renaître (5). Il faut toutefois excepter le cas où ils auraient été constitués *in singulos annos* (6), ou à titre d'aliments (7).

La possession est moins un droit qu'un fait : aussi le *postliminium* ne la rétablissait-il pas, alors même que personne n'eût encore occupé la chose (8) ; à plus forte raison devait-il en être ainsi de la réhabilitation, moins favorable au condamné que le *postliminium* ne l'est au

---

(1) « Supplicio possidente damnatum sibique servientem » (nov. 22, c. 8).
(2) D., L. 8, § 12, *De pœnis.*
(3) Cod., L. 8, *De sent. pass.*
(4) *Ibid.*
(5) Paul., *sent.* III, 0, 28 et 20.
(6) D., L. 3, pr., *q. m. us. amitt.*
(7) D., L. 11, *De alim. leg.*
(8) L. 23, § 1, *De adq. vel amitt. poss.*

captif. Mais si, dans les cas où il n'y avait pas confiscation, un usurpateur a usucapé quelque bien du condamné
pendant qu'il subissait sa peine, après sa réhabilitation
il pourra, selon les circonstances, obtenir du préteur la
Publicienne rescisoire (1).

Droits d'obligation ; droits des tiers. — La restitution
des biens confisqués ne comprend pas seulement les droits
de propriété, mais les droits d'obligation actifs et passifs,
les dettes comme les créances. Dans la *restitutio in integrum*, tous les biens étant rendus, les dettes et les créances
renaissent en totalité ; et telle est l'énergie de la *restitutio*, qu'il n'est pas besoin de recourir à des actions
utiles : les actions directes compètent tant aux créanciers du restitué qu'au restitué contre ses débiteurs (2).
Les créanciers n'ont même pas à recouvrer les garanties
de leurs créances ; la confiscation de tous les biens d'un
débiteur n'enlève point à ses créanciers l'action contre
les fidéjusseurs (3). Le réhabilité, de son côté, exerce
ses actions personnelles ou réelles, *cum sua causa* (4) ;
mais on ne lui rend pas ce qu'il a perdu par négligence,
ce qu'au cas d'exil, par exemple, il eût pu obtenir par
procureur (5), ni, bien entendu, ce qu'il a été condamné
à payer, à titre de réparation, à la partie lésée (6).

*Biens acquis par le condamné pendant la durée de la
peine.* — Enfin, pour les biens acquis par le condamné
pendant la durée de la peine, il fallait distinguer : si la

(1) L. 10, *Exc. q. o. maj.*
(2) D., L. 3, *De sent. pass.*
(3) D., L. 53, *De fidej.* — Cod., L. 20, *ibid.*
(4) Cod., L. 11, *De sent. pass.*
(5) D., L. 20, *De min.*
(6) Arg. C., L. 2, *De in. j. voc.*

condamnation l'avait rendu serf de la peine, il acquérait pour le fisc, qui gardait ces biens lors de la *restitutio* (1) ; s'il avait conservé la liberté, il se trouvait sans doute, lors de la réhabilitation, avoir acquis pour lui-même (2).

(1) C., L. 4, *De bon. proscript.*

(2) Au cas de déportation, il est vrai, la loi attribuait au fisc, par droit de déshérence, les biens acquis par le condamné depuis la déportation (D., L. 15, *De interd. et releg.* — Cod., L. 2, *De bon. proscript.*) ; mais c'était au cas où il venait à mourir *in deportatione*; il n'est pas à croire qu'une mesure de faveur comme la *restitutio* lui enlevât ce qu'il avait acquis. Pour ce point, d'ailleurs, comme pour tous les autres, les termes du rescrit étaient avant tout à examiner.

LIVRE II.

DE LA RÉHABILITATION DANS NOTRE ANCIEN DROIT.

CHAPITRE PREMIER.

DE LA RÉHABILITATION JUSQU'A L'ASSEMBLÉE CONSTITUANTE.

Tout porte à croire que l'usage de la *restitutio* ne se perdit pas entièrement dans la Gaule franque; on y retrouve en effet une sorte d'amnistie imitée des pratiques romaines, et la grâce proprement dite. Grégoire de Tours rapporte que le roi Chilpéric étant venu à avoir un fils après en avoir perdu plusieurs, fit, à l'occasion de sa naissance, mettre en liberté tous les prisonniers, et remit toutes les amendes encore dues : « Omnes custodias » relaxari, vinctos absolvi, compositionesque negligen- » tium fisco debitas præcepit omnino non exigi (1). » C'était l'imitation des *abolitiones* accordées par les empereurs romains *ob natalia*. Le Capitulaire de Conflans réglant les conditions de la paix entre Charles le Chauve et Louis le Germanique (860), nous offre un exemple de l'amnistie réciproque en faveur des partisans des deux princes rivaux (2); la grâce proprement dite ne s'y maintint pas moins certainement. Au témoignage de Ducange,

(1) Gr. Tur , L. 6, c. 23.
(2) Baluze, II, 137.

il est plus d'une fois question d'*indulgentia* dans les Capi-
tulaires; on lit, dans un capitulaire de 863 : « Si eis
» vita jam perdonata est propter aliquod malefactum (1). »
Il suffit d'ailleurs de rappeler la grâce accordée par Charlemagne au prince bavarois Tassilon (2) : aucun texte, il
est vrai, à notre connaissance au moins, ne parle d'une
restitutio; mais comment croire que cette forme de la
grâce ait seule été rejetée, et que la clémence des princes
barbares ne se soit jamais étendue jusqu'à rétablir un
condamné dans ses droits? Nous trouvons des textes qui
interdisent les fonctions de juge, l'accusation, le témoignage, aux personnes frappées d'infamie (3). On dut recourir plus d'une fois aux princes pour obtenir que ces
incapacités fussent effacées; plus d'une fois aussi ils
durent rendre à l'officier ou au leude coupable qui im-
plorait leur pitié, les fonctions ou le bénéfice que leur
avait enlevé quelque condamnation. La *restitutio* sub-
sista donc comme une forme et un complément de la
grâce, et ainsi se maintinrent, par imitation des empereurs de Rome, sous les Mérovingiens d'abord, puis dans
le chaos de la dissolution carlovingienne et du moyen
âge, des pratiques qui se régularisèrent quand la société
se fut rassise.

La grâce émanait-elle du roi seul, sans aucune intervention de la nation, qui jugeait alors elle-même comme
autrefois le peuple à Rome? Dans la première période
au moins, elle ne dut pas être accordée sans cet assentiment général requis dans les cas graves : la souve-

(1) Baluze, II, p. 228.
(2) *Id.*, I, 26, 1. — « Clementia regis licet morti addictum liberare curavit »
(Eginhard). — On peut citer encore, et pour les temps mérovingiens, la grâce
accordée par le roi Chilpéric à son filleul Plather, assassin du juif Priscus.
(3) Cap. de Louis II, 867.

raineté du peuple était une tradition germanique, et nous voyons Charlemagne demander encore la grâce de Tassilon au peuple franc assemblé (1).

Au x* et au xi* siècle, alors que tous les seigneurs prétendaient à la souveraineté, ils exercèrent le droit de grâce en même temps que le droit de justice. Mais quand au xiii* siècle la restauration du droit romain vint seconder les progrès de la royauté et que les légistes eurent appris à lui attribuer les prérogatives que les textes du droit romain donnaient au pouvoir impérial, le droit de grâce ne fut point oublié. « Il y a, disait » Coquille, une autre sorte de droit royal, qui consiste » en octroi de grâces, et dispenses de droit commun. » Le conseil de Pierre de Fontaine mentionne déjà les lettres de grâce : « Les lettres contiennent grâce qui » contiennent dispensation ou quittance de peine qui est » due, et en quoi l'on se départ du droit commun par » grâce (2). » Dès cette époque, les jurisconsultes posèrent en principe que le droit de grâce n'appartenait qu'au prince, et que si quelque autre l'exerçait, ce n'était que par délégation. Une prérogative royale se forma ainsi sur le modèle du pouvoir impérial de Rome, et en principe au moins, le droit de grâce devint régalien. Il fut bien encore exercé par de puissants seigneurs, usurpé par quelques légats, délégué à des princes du sang et concédé à de grands officiers par les rois eux-mêmes; la royauté eut plus d'une fois à revendiquer ses droits contre la persistance des usurpations; mais la constante

(1) Nous citons ce fait parce que nous l'avons trouvé partout. Nous devons pourtant avouer que s'il n'a d'autre fondement que le texte d'Eginhard, ce texte est loin d'être concluant; mais à défaut du fait, les habitudes de la royauté franque et la marche des choses nous semblent confirmer le principe.

(2) *Conseil. de Defontaine* (éd. Marnier, p. 480).

répression des abus et la prudence jalouse avec laquelle
les légistes limitèrent ces concessions, maintinrent la
suprématie de la prérogative royale, et finirent par en
assurer le triomphe.

Dès cette époque, la réhabilitation se distingua de la
grâce simple : « Rehabilitatio fit, dit un vieil auteur,
» quando litteris gratiæ pristinus habilitatis status inha-
» bili restituitur. » Les règles furent, comme le principe,
empruntées au droit romain ; l'*in integrum restitutio* et la
simplex indulgentia continuèrent d'avoir des effets différents, et l'on peut voir dans les anciens criminalistes avec
quelle précision subtile et minutieuse les jurisconsultes dé-
terminèrent la portée des diverses formules de grâce (1).

Depuis cette époque et surtout à partir du xiv* siècle,
on trouve sous les noms de *lettres d'abolition*, de *pardon*,
de *restitution*, etc., l'exercice fréquent par la royauté
des droits d'amnistie, de grâce et de réhabilitation.
Quand après une guerre intervient un traité de paix,
quand une ville ou une province ont été le théâtre de
troubles, la royauté use de sa prérogative ; pour mieux
garantir l'ordre et la paix, elle fait acte de clémence,
elle rassure par des lettres d'abolition ou d'amnistie ceux
qui, ayant pris part à la sédition ou embrassé la cause
de l'ennemi, pouvaient être inquiétés ou poursuivis.
Ces lettres arrêtaient le cours de la justice, et empêchaient toute poursuite contre les personnes qu'elles dé-
signaient, ou à l'occasion des faits qu'elles déclaraient
mis en oubli. L'amnistie devenait aussi, aux mains de la

____

(1) « Indulgemus, restituimus, plene, in omnibus, per omnia, ita quod nihil
opponi possit, » etc. : autant de formules auxquelles l'interprétation et la pratique
attribuèrent des effets différents et plus ou moins étendus (V. Farinacius, *Praxis
et theoria criminalis*).

royauté, un utile instrument politique dont elle usait pour calmer les passions, apaiser les haines des partis, et faciliter leur réconciliation. Mais ces abolitions générales n'empêchaient pas de fréquentes interventions du droit de grâce proprement dit, par lesquelles les rois accordaient, soit de simples rémissions de peine, soit de vraies réhabilitations.

Rien n'était moins défini que le pouvoir de notre ancienne royauté : la prérogative royale ne connaissait guère de limite que la volonté du prince ; « mais la grâce » avait des degrés suivant l'objet qu'il se proposait en » l'accordant. » Si les circonstances particulières du fait en faisaient disparaître ou en atténuaient la criminalité, les chancelleries établies près les cours souveraines délivraient des lettres *de pure forme*, appelées *lettres de rémission* pour les homicides involontaires ou commis dans le cas de légitime défense, *lettres de pardon* pour les cas où il n'échéait pas peine de mort et qui néanmoins ne pouvaient être excusés : par exemple, pour la présence sans complicité lors d'un meurtre qu'on n'avait point empêché, quand on pouvait le faire. Ces lettres prévenaient d'ordinaire la condamnation, mais pouvaient aussi n'intervenir qu'après : la peine une fois prononcée, le souverain pouvait ou l'adoucir par des lettres de commutation, ou la faire cesser par des lettres de rappel de ban ou de galères. Enfin, outre l'abolition dont nous avons parlé, il pouvait encore, par une grâce spéciale, effacer la tache d'infamie imprimée par la condamnation, en accordant des lettres de réhabilitation (1).

On en vint de bonne heure à séparer ces lettres di-

(1) M. Coin-Delisle, sur l'art. 32 C. civ.

verses en deux catégories bien distinctes : les lettres de justice ou grâces légales et les lettres de grâce pure. Cette distinction, probablement beaucoup plus ancienne, est déjà très-nette dans l'ordonnance de Blois de mars 1498. Les lettres de justice comprenaient les lettres de rémission et de pardon qui n'étaient point, en effet, de véritables grâces, mais un moyen extrajudiciaire de rendre dans certains cas justice à l'accusé, sous lequel se déguisait un impôt (1). Les autres lettres « partant de la pure clémence du roi » se rangeaient dans la catégorie des lettres de grâce. Tandis que les premières pouvaient être délivrées par les chancelleries établies près des cours, les secondes ne pouvaient l'être, à cause de leur gravité, qu'en la grande chancellerie. Il y avait encore, quant à la procédure, une autre différence importante : l'obtention des lettres de justice exigeait la preuve de certains faits : les cours auxquelles elles étaient adressées ne devaient donc les entériner qu'autant que les faits qu'elles supposaient étaient confirmés par l'enquête et paraissaient établis. Les parlements exerçaient dans ce cas un véritable pouvoir de vérification. Pour les lettres de grâce, au contraire, ils devaient les entériner sans connaissance de cause, et n'avaient qu'un simple droit de remontrance.

Les lettres de réhabilitation se rangeaient parmi les lettres de grâce. « L'ancienne jurisprudence rattacha la » réhabilitation à deux idées : à l'infamie dont, suivant » les lois du temps, la peine frappait le condamné, et aux » incapacités qu'elle entraînait (2). » Les lettres de réhabilitation avaient le double but et le double effet d'effacer

(1) *Nouveau Denisart.*
(2) M. Ortolan, *Éléments de droit pénal*, n° 1683.

la tache d'infamie, de rendre ainsi au condamné *sa bonne fame et renommée*, et de le réintégrer dans les droits dont il était privé. Comme les peines du grand criminel étaient seules infamantes, la réhabilitation ne s'appliquait qu'au grand criminel. La simple restitution des droits résultait le plus souvent d'une clause additionnelle insérée dans quelqu'une des lettres de grâce; mais quand le prince avait pour but principal et direct d'effacer l'infamie et les incapacités, il accordait des lettres de *restitution* ou de *réhabilitation*. Pour n'en citer que des exemples notables, en juillet 1491, Charles VIII accorda des lettres de restitution aux enfants du duc de Nemours frappés par la condamnation pour crime de lèse-majesté prononcée contre leur père, victime innocente de la politique de Louis XI. Ces lettres déclaraient « ôtée et » abolie toute note, macule, inhabilité, incapacité que ses » cousins pourraient avoir encourue au moyen de certain » arrêté que l'on disait avoir été donné, et exécuté à » l'encontre dudit feu Jacques d'Armagnac, leur père, et » les habiliter, restituer et remettre, tout ainsi que s'il » n'eût été aucunement donné, prononcé et exécuté à » l'encontre de leurdit feu père, et sans que ores, et pour » le temps à venir, sous couleur dudit arrêt, on pût jamais leur opposer quelque macule, incapacité et inhabilité en aucune manière (1). »

Un siècle environ plus tard, nous trouvons un exemple de réhabilitation qui mérite d'être relevé. Le 20 juin 1583, le roi donna des lettres par lesquelles, voulant « réhabiliter un coupable nommé Jean Mauclerc, habitant de Senlis, à qui le poing avait été coupé pour

(1) *Collection Isambert*, t. XI, p. 108.

» avoir frappé un Flamand nommé Jean-le-Brun, lui per-
» mit de remplacer ce poing par un autre fait de la ma-
» nière qu'il voudrait (1). » Naïf et curieux essai d'ap-
porter un remède, hélas ! impossible à ces peines qui
impriment au condamné une flétrissure ineffaçable.

Notre ancien droit, attribuant à la réhabilitation la
vertu d'effacer spécialement la tache d'infamie, connut
des réhabilitations de la mémoire. Par des lettres de mai
1530, François Ier rétablit la mémoire « abolie à perpé-
» tuité, » du connétable de Bourbon, et « remit du tout
» en tout ledit feu Charles de Bourbon en sa bonne fame
» et renommée (2). » Nous voyons également Henri III,
par des lettres de septembre 1575, rétablir la mémoire
de Jacques de Coucy, seigneur de Vervins, et celle
d'Odoard Dubiez, maréchal de France (3).

Les peines, dans notre ancien droit, pouvaient se
classer en trois catégories : les peines capitales qui
frappaient de mort civile, les peines qui rendaient in-
fâmes, celles enfin qui n'entraînaient aucune incapacité.
L'étendue de la grâce se réglait, comme à Rome, d'a-
près la forme des lettres octroyées. Les jurisconsultes
admirent que la simple grâce n'effaçait pas l'infamie.
« *La grâce entache,* » disait-on, en traduisant la loi romaine. Cette infamie ne pouvait être effacée que par la
réhabilitation : « Potest dici pro regula, dit Farinacius,
» quod per simplicem indulgentiam non censeatur resti-
» tuta fama; secus per restitutionem in integrum gra-
» tiosam (4). » De tout temps aussi, les jurisconsultes

(1) *Collect. Isambert,* t. VI, n° 50, note.
(2) *Ibid.,* XII, n° 171.
(3) *Ibid.,* XIV, n° 276, et de nombreux exemples.
(4) Farinacius, *Praxis et theoria criminalis,* I, quæstio 6.

limitèrent par certaines règles l'usage de la prérogative
royale. Ils n'admirent pas qu'on pût gracier les crimes
atroces, par exemple l'homicide avec préméditation ; et
ils posèrent en principe que la grâce ne pouvait être
accordée au préjudice des droits acquis à des tiers, et
avant la réparation du dommage causé à la partie lésée (1). Ces principes s'appliquaient à toutes les lettres ;
aussi un grand nombre portent-elles des clauses telles
que celles-ci : « A charge de faire amende au roi, de
» rester huit jours en prison, et de donner satisfaction
» au plaignant (2); après toutefois qu'il aura satisfait
» à la partie (3); à charge de satisfaire à la partie
» civile (4). » Ainsi s'établit peu à peu dans la pratique
le salutaire principe de la satisfaction préalable, et l'on
en vint à n'accorder de lettres de réhabilitation qu'aux
condamnés qui avaient subi leur peine, et satisfait aux
condamnations accessoires envers l'État ou la partie civile.

C'est avec ce caractère que nous trouvons la réhabilitation dans l'ordonnance de 1680. Cette ordonnance,
véritable Code de justice criminelle, résume et coordonne
les règles éparses dans les ordonnances précédentes ou
consacrées par la pratique. Elle distinguait sept formules
diverses de lettres royales, les lettres de rémission et de
pardon ou grâces légales; d'abolition, de rappel de ban,
de rappel de galères, de commutation de peine, de réhabilitation (5).

(1) Farinacius, *Praxis*, etc., I, quæst. 5.
(2) Lettres de juillet 1373.
(3) Décembre 1307.
(4) Février 1412.
(5) Nous ne parlons pas des lettres de révision et pour ester à droit, qui ont
un caractère tout à fait spécial.

« Ces dernières lettres, dit Rousseaud de la Combe,
» s'accordent lorsque le condamné a satisfait à la peine,
» amende et intérêts civils, et que pour ôter *la note*
» *d'infamie* et l'incapacité d'agir civilement qui lui reste,
» il a recours au prince pour obtenir des lettres de réha-
» bilitation (1)... Par ces lettres, le roi remet, rétablit et
» réhabilite un condamné en sa bonne fame et renom-
» mée, tout ainsi qu'il était avant le jugement de condam-
» nation, sans que pour icelle il lui puisse être imputé
» aucune incapacité ni aucune note d'infamie, lesquelles
» demeurent ôtées et effacées avec pouvoir de contracter
» et faire tous actes civils. »

Ainsi, les lettres de réhabilitation se séparaient des
autres en deux points : par les conditions mises à leur
obtention, et par l'effet qui leur était attribué. Mais rien
de plus obscur, il faut le dire, et de plus contradictoire,
que tout ce qui, dans nos anciens criminalistes, a trait
aux effets des différentes lettres royales. Les lettres de
rémission et de pardon, qu'on appelait restitutions de
justice, paraissent avoir eu pour effet de réhabiliter de
droit. Suivant les uns, les lettres d'abolition effaçaient
complétement, dans tous les cas, la mort civile et l'infamie : selon Richer, elles n'avaient cet effet qu'autant
qu'elles précédaient la condamnation ; après la condamnation, elles ne remettaient que la peine. Les lettres de
commutation ne pouvaient que prévenir l'infamie et les
incapacités, en précédant tout commencement d'exécution (2). Enfin, les lettres de rappel de ban et de galères « ne remettaient que la peine, » et n'effaçaient

---

(1) Rousseaud de la Combe, *Mat. crimin.*, p. 520.
(2) Jousse, *Droit criminel*, t. II, p. 413.

point l'infamie ni les incapacités à moins d'une clause
expresse (1). Dans ces différents cas, la mort civile ou
la simple infamie ne pouvaient donc être effacées que
par les lettres de réhabilitation. Mais il arrivait souvent
que par une clause insérée dans d'autres lettres, le prince
réhabilitait immédiatement le condamné et le déclarait
rétabli dans sa bonne fame et renommée. La réhabilitation résultait ainsi, tantôt d'une simple clause inci-
dente, tantôt de lettres spéciales de réhabilitation; c'é-
tait dans ce dernier cas seulement qu'on exigeait les
conditions particulières dont nous avons parlé.

On a douté que dans notre ancien droit la réhabilitation relevât de la mort civile. Les auteurs, en effet, paraissent n'être pas d'accord sur ce point. Rousseaud de la
Combe (2), Serpillon (3), Jousse dans son *Commentaire
sur l'ordonnance de 1670*, ne lui attribuent d'autre effet que celui d'effacer l'infamie. Cette opinion semble en
effet la seule vraie, si l'on songe que pour obtenir ces
lettres il fallait avoir subi la peine, et que la mort civile
ne résultait jamais que de peines perpétuelles. Cependant Muyart de Vouglans, Pothier, Richer (4), Jousse
lui-même, dans son *Traité général de droit criminel* (5),
les présentent comme s'appliquant à la fois à la mort civile et à l'infamie. « Ces lettres, dit Muyart de Vouglans,
» s'obtiennent par celui qui ayant satisfait aux peines,
» amendes et condamnations civiles contre lui pronon-
» cées, a recours à la clémence du prince pour être réha-

(1) Jousse, *Droit criminel*, t. II, p. 412.
(2) *Loco citato*.
(3) *Code criminel*, I, p. 771.
(4) Richer, *Mort civile*, part. II, liv. 4, chap. 2, dist. 6.
(5) Jousse, *Dr. crim.*, II, p. 414.

» bilité dans sa réputation, afin d'ôter la note d'infamie
» ou *la mort civile* qui l'empêche d'agir et lui ôte les
» moyens de pouvoir subsister (1). » Les lettres de réhabilitation sont, d'après Pothier, des lettres « par les-
» quelles le roi restitue à l'impétrant *la vie civile qu'il*
» *avait perdue par une condamnation capitale*, ou l'état de
» bonne renommée qu'il avait perdu par une condam-
» nation infamante (2). » La réhabilitation s'appliquait
donc à la fois à l'infamie et à la mort civile, mais à celle-
ci, dans le cas seulement où le condamné avait été précédemment libéré de la peine, sans que la mort civile eût
été effacée. Ce qui peut expliquer que certains auteurs
n'aient parlé que d'une seule application de ces lettres,
c'est qu'elle semble avoir été beaucoup plus fréquente
que l'autre ; car, d'après Jousse et Serpillon, « c'était or-
» dinairement aux officiers de judicature interdits pour
» toujours, ou déclarés incapables de posséder des charges
» de justice ou de finance, ou condamnés à une peine in-
» famante, que ces lettres étaient accordées (3). »

Quel était l'effet des diverses lettres de grâce quant
aux biens confisqués ? C'était une question très-débat-
tue. On distinguait en général entre les restitutions
de justice, c'est-à-dire les lettres de rémission et de pardon, et les restitutions de grâce pure. Les premières
réintégraient le condamné dans ses biens, sauf les fruits
perçus ; les secondes n'avaient cet effet qu'autant qu'elles
portaient une clause expresse à cet égard ; le condamné
rentrait alors dans ses biens, sauf toujours les fruits perçus, que la confiscation appartînt d'ailleurs au roi ou à

(1) Muyart de Vouglans, *Lois criminelles*, L. 1, t. 4, § 0.
(2) Pothier, *Procéd. cr.*, sect. 7.
(3) Jousse, *loco citato*. — Serpillon. *Code crim.*

quelque seigneur, pourvu qu'ils n'eussent point encore disposé des biens confisqués (1). Les lettres de réhabilitation se rangeaient, nous le savons, parmi les lettres de grâce; aussi les commentateurs nous disent-ils qu'elles ne rendent point les biens à moins d'une clause spéciale. « Ces lettres, dit encore Jousse, ne remettent point
» l'impétrant dans ses biens s'il n'y en a une clause ex-
» presse, et que les biens ne soient point dans la posses-
» sion d'autrui. » Alors, comme aujourd'hui, elles n'avaient point d'effet rétroactif.

La procédure était fort simple : ces lettres étaient expédiées aux cours pour les gentilshommes, aux bailliages et présidiaux pour les roturiers; elles étaient signifiées à la partie civile à qui l'on en baillait copie afin qu'elle pût fournir ses moyens d'opposition à l'entérinement ; elles étaient communiquées avec le procès au procureur général (2), sur les conclusions duquel elles étaient entérinées gratuitement à la requête de l'impétrant sans qu'il fût tenu de se mettre en prison ni de se présenter à l'audience, comme pour les grâces légales. Toutefois, trois principes spéciaux s'appliquaient à ces lettres, comme à celles de commutation de peine et de rappel de ban :

« 1° Elles ne s'expédiaient qu'en la grande chancel-
» lerie, parce que ces lettres dépendent de la souveraine
» puissance du roi, et qu'il n'y a que lui seul qui ait le
» droit de les accorder (3) ; » 2° le jugement de condamnation devait être attaché sous le contre-scel (4) ; 3° les cours devaient les entériner, sans examiner si elles étaient

(1) Jousse, *Dr. cr.*, II, p. 406. Il suit l'opinion de Farinacius et de Bacquet.
(2) Ord. de 1670, art. 18, 20, 23.
(3) Jousse, *Nouv. comment. sur l'ordonnance.*
(4) Ord. de 1670, tit. 16, art. 6.

conformes ou non aux charges et informations (1), « parce
» que, dans ces sortes de grâces, la volonté du prince n'a
» rien d'équivoque ni de conditionnel, Sa Majesté ne fai-
» sant que remettre ou adoucir une peine qu'elle suppose
» avoir été justement prononcée (2). Les parlements
pouvaient seulement faire à ce sujet, au roi, telles remontrances qu'ils jugeaient à propos ; ces remontrances
étaient alors la seule garantie contre les abus de la prérogative royale.

Telles sont les dispositions de notre ancien droit en ce
qui touche la réhabilitation. Le dernier état de la législa-
lation nous offre un véritable progrès. Sans doute, le
prince peut toujours, quand il le veut, réhabiliter un
condamné par une clause insérée dans quelque lettre de
grâce ; mais les lettres de réhabilitation ne s'accordent
régulièrement qu'autant que la peine est subie et l'a-
mende payée, que le dommage causé a été réparé. Déjà
se précise l'une des deux idées fondamentales que nous
verrons se dégager de plus en plus, celle de la nécessité
de l'expiation et de la satisfaction préalables. L'idée de la
réhabilitation véritable, de celle qui n'est pas un pur acte
de clémence abandonné au caprice du prince, mais qui
a besoin, pour être légitime, de n'être que la conséquence
de la réparation et des garanties données à la société,
commence à se faire jour ; mais si l'on exige déjà l'expiation du passé, on n'a point encore pensé à l'avenir ;
aucune épreuve n'est imposée au condamné pour s'assurer de son amendement ; on n'a point songé que la réhabilitation pût être pour lui une justice, un droit qu'il peut
et doit conquérir par le repentir et l'effort ; on impose à

(1) Ord. de 1670, tit. 16, art. 7.
(2) Jousse, loco citato.

la réhabilitation par le prince des restrictions logiques et judicieuses ; on n'en comprend point encore le principe et le rôle véritables.

Au fond la réhabilitation ne fut jamais, dans notre ancien droit, qu'une des formes de la grâce : dans les siècles qui suivent l'invasion, la *restitutio* se maintient à côté de la grâce, dont elle est le complément. Attribut de la souveraineté, le droit de grâce se fractionne comme elle aux mains de mille seigneurs. L'Église cependant, dans sa juridiction spirituelle et dans sa discipline, pratique une vraie réhabilitation fondée sur l'amendement et la pénitence ; quand la société sortie enfin du chaos aura à se réorganiser, et qu'à la pénalité des siècles barbares elle cherchera à substituer un système régulier, ira-t-elle emprunter cette pratique à l'Église ? On sait comment tournèrent les choses et comment la restauration du droit romain engagea notre droit public dans les voies de la monarchie absolue, et notre droit pénal dans une imitation malheureuse du droit criminel de Rome. Dans le droit public, comme dans le droit pénal, les maximes romaines régnèrent seules ; le droit de grâce fut, avec raison, arraché aux seigneurs et attribué à la royauté : des rescrits impériaux les légistes firent nos lettres royales ; comme les jurisconsultes romains, ils en distinguèrent les formules ; ils séparèrent avec soin la *simplex indulgentia*, et l'*in integrum restitutio* ; et ainsi s'établit là comme ailleurs, jusqu'à la révolution, l'empire à peu près exclusif des théories romaines. Comme on l'a dit, l'arbitraire seul tempéra jusqu'à la révolution les vices des lois criminelles. Chose étrange, ce fut le xviiie siècle, ce siècle en apparence si peu chrétien, qui introduisit dans la pénalité l'idée chrétienne par excellence, celle de la pénitence, et qui, le premier, inscrivit dans la loi le vrai principe de la réhabilitation.

CHAPITRE II.

DE LA RÉHABILITATION D'APRÈS LE CODE DE 1791.

Parmi les idées nouvelles que le xviii° siècle, « osant enfin appliquer la philosophie à la jurisprudence (1), » apportait dans la théorie du droit pénal, la correction du coupable avait trouvé place. « Le coupable, disait Bris-» sot, est un malade ou un ignorant qu'il faut guérir ou » instruire, et non étouffer (2). » Cette généreuse pensée fut l'un des principes constants de la révolution qui l'embrassa même, comme tant d'autres, avec excès : la conception du régime pénitentiaire conduisait naturellement à celle de la réhabilitation du condamné.

Dans un esprit de réaction contre la royauté, et dans la préoccupation d'assurer l'égale application des peines, dans l'enthousiasme aussi de ses réformes qui lui faisait croire à l'infaillibilité du jury, la Constituante abolit le droit de grâce, « comme inutile et dangereux (3), » pour tous les crimes jugés par les jurés, et le transporta pour les autres à l'autorité judiciaire (4). Il fallait, dès lors, que le droit de réhabilitation, s'il était conservé, changeât également de caractère : le moment était venu où il allait enfin se distinguer de la grâce.

(1) Brissot de Warville, *Théorie des lois criminelles*, 1781. — Préface.
(2) *Id.*, *ibid.*
(3) M. Lepelletier de Saint-Fargeau.
(4) Loi du 25 septembre 1791, art. 13.

Le Code pénal de 1791, réalisant la plupart des réformes réclamées par les publicistes, s'efforçait d'assurer,
disait le rapporteur, « une exacte proportion entre les
» délits et les peines, la détermination d'une peine fixe
» pour chaque délit, enfin, un système pénal *qui eût le*
» *double effet de punir le coupable et de le rendre meil-*
» *leur* (1). » La réhabilitation était l'indispensable complément d'un tel système ; la Constituante n'y vit pas
seulement une institution humaine, mais un moyen de
régénérer le coupable, et pour la rendre plus facile et
la mieux assurer, elle abolit les peines perpétuelles et la
marque, à cause de l'obstacle invincible que leur caractère
commun de perpétuité mettait à l'amendement du condamné (2). « Il faut, disait le rapporteur, abolir tout ce
» qui peut donner aux peines un caractère de perpétuité,
» tout ce qui voue un coupable au désespoir ; au déses-
» poir, la plus barbare des punitions, la seule, peut-être,
» que la société n'ait pas le droit d'infliger. Appelons
» par nos institutions le repentir dans le cœur du cou-
» pable, qu'il puisse revivre à la vertu, en lui laissant
» l'espérance de revivre à l'honneur ; qu'il puisse cesser
» d'être méchant par l'intérêt que vous lui offrez d'être
» bon ; après qu'une longue partie de sa vie passée dans
» les peines aura acquitté le tribut qu'il doit à l'exemple,
» rendu à la société, qu'il puisse encore recouvrer son
» estime par l'épreuve d'une conduite sans reproche, et
» mériter un jour que la patrie efface de son front jusqu'à
» la tache du crime qu'il aura suffisamment expié. »
Et ailleurs, développant les raisons qui avaient motivé

(1) Rapport de M. Lepelletier de Saint-Fargeau (séances des 22, 23 mai 1791).
(2) Locré, t. XXIX, p. 22, observations de M. Target.

l'admission du principe de réhabilitation par la commission chargée de la rédaction du projet, il disait encore :
« Jusqu'ici nous n'avons fixé nos regards que sur de tristes
» objets, le crime et les rigueurs nécessaires pour le ré-
» primer : mais le remords peut pénétrer dans l'âme du
» coupable, et il nous a semblé que c'était une conception
» digne de législateurs de présenter au condamné l'espoir
» de renaître un jour à l'honneur par la pratique de la
» vertu. Nous vous proposons de décréter qu'à une épo-
» que déterminée après l'expiration de sa peine, le con-
» damné puisse être réhabilité par la société et rétabli
» dans tous ses droits. » Mais suffirait-il que la peine eût
été subie, et n'exigerait-on du condamné, pour sa reha-
bilitation, aucune autre garantie ? « Voici, ajoutait le
» rapporteur, les conditions que nous avons jugé utile d'y
» apposer : D'abord il faut que plusieurs années se soient
» écoulées depuis l'époque à laquelle il a recouvré sa
» liberté, afin que sa conduite soit suffisamment *éprouvée;*
» ensuite, il est convenable que sa réintégration ne soit
» point un droit ouvert et certain, mais plutôt une espé-
» rance, une faculté qui lui présenteront des efforts à
» faire et un prix à obtenir.

» Ce baptême civique doit être accompagné de solen-
» nités, et nul ne pourra y être présenté que par les
» officiers municipaux du lieu de son domicile, c'est-à-
» dire par les magistrats et les organes du peuple, qui,
» témoins habituels de la conduite du condamné, pour-
» ront attester à la société que tel, après un long repen-
» tir, a mérité que la société lui rendît son estime.

» Ainsi, disait en terminant le rapporteur, après avoir
» satisfait à l'exemple, le condamné osera reparaître aux
» yeux de ses concitoyens ; il pourra se choisir une de-

» meure; il y vivra sous la protection de l'espérance;
» il pourra y vivre avec probité, dans la vue d'y vivre
» un jour avec honneur, et la loi, politique et morale
» tout ensemble, aura appelé dans son âme et récompensé
» le remords (1). »

Il eût fallu dire le repentir : le repentir était en effet
le nouveau principe de ce nouveau système. La réhabilitation cessait d'être ce qu'elle avait été jusqu'alors, un
acte de grâce, pour devenir un acte de réparation sociale:
on n'en faisait pas un droit certain que tous les condamnés,
amendés ou non, recouvreraient à un jour donné, mais
un but offert à leurs efforts, une récompense promise
à leur persévérance dans le bien. Elle devenait vraiment
un acte de justice; et tandis qu'autrefois on ne pouvait
que l'implorer comme une faveur, et que ceux-là seulement l'obtenaient sur lesquels la clémence royale dai-
gnait descendre, elle était désormais accessible à tous,
et pouvait être de la part de tous l'objet d'un recours de
droit. Le repentir éprouvé par le temps forçait la main
à la loi, et la réhabilitation ne pouvait lui être refusée;
d'un droit à acquérir, il faisait, sous les conditions imposées, un droit acquis. Satisfaction exemplaire pour
le passé, cherchée dans la peine; garantie pour l'avenir,
cherchée dans l'amendement, tels étaient les deux principes du nouveau système, telles étaient les deux conditions au prix desquelles la réhabilitation devenait un
droit pour le condamné.

Comment la Constituante avait-elle organisé ce système? Elle avait fait de la réhabilitation, un acte mixte

(1) Rapp. de M. Lepelletier de Saint-Fargeau (séances des 22, 23 mai 1791).
— Procès-verbaux de l'Assemblée constituante, t. LVIII, n° 672.

d'administration et de juridiction. Dix ans après l'expiration de la peine pour les condamnations afflictives, à compter du jour du jugement pour les condamnations simplement infamantes, le condamné domicilié depuis deux ans accomplis dans le territoire de la même municipalité, pouvait demander un certificat de bonne conduite aux autorités municipales de cette commune. Dans le délai d'un mois, le conseil de la commune délibérait sur cette attestation. Si elle était accordée, le condamné se présentait alors, accompagné de deux officiers municipaux revêtus de leur écharpe devant le tribunal criminel de son domicile ; et comme la Constituante avait fait de la dégradation civique une solennité pour laquelle sur la place publique le greffier criminel prononçait ces mots : « *Votre pays vous a trouvé convaincu d'une* » *action infâme ; la loi et le tribunal vous dégradent de la* » *qualité de citoyen français (1),* » elle fit en quelque sorte de la réhabilitation le parallèle de la dégradation civique, et la revêtit également d'une forme solennelle. Devant le tribunal, en audience publique, les officiers municipaux donnaient lecture du jugement de condamnation, et disaient à haute voix : « *Un tel a expié son* » *crime en subissant sa peine ; maintenant sa conduite est* » *irréprochable : nous demandons, au nom de son pays,* » *que la tache de son crime soit effacée.* » Sans aucune délibération, le président prononçait ces mots : « Sur » l'attestation et la demande de notre pays, la loi et le » tribunal effacent la tache de votre crime (2). » C'était, on le voit, la municipalité qui prononçait en réalité,

(1) Cette solennité existe encore aujourd'hui pour la dégradation militaire.
(2) Code pénal des 25 septembre-6 octobre 1701, 1re partie, tit. VII, art. 1 à 8.

et la justice n'intervenait que pour enregistrer sa décision.

La réhabilitation ainsi prononcée avait la portée la plus étendue : elle effaçait entièrement la condamnation et faisait cesser en la personne du condamné non-seulement *toutes les incapacités* qu'elle avait entraînées, mais *tous les effets* qu'elle avait produits. Toutefois, si la loi n'exigeait pour la réhabilitation même d'autre satisfaction que la peine subie, « l'exercice des droits de ci-
» toyen actif demeurait suspendu à l'égard du réhabi-
» lité jusqu'à ce qu'il eût satisfait *aux dommages-intérêts,*
» ainsi qu'aux autres condamnations pécuniaires pro-
» noncées contre lui (1). »

Si l'attestation était refusée, le condamné pouvait former une nouvelle demande deux années après (2). Aucune disposition, pas plus que dans l'ordonnance de 1670, n'excluait les récidivistes, et de même que dans l'ancien droit, la réhabilitation ne s'appliquait qu'au grand criminel, la Constituante ne l'appliqua qu'aux peines afflictives ou infamantes.

Ce système, « vive image des temps, » ne manquait pas, comme on l'a remarqué, « d'une certaine grandeur. » Mais indépendamment de la part trop faible laissée à l'autorité judiciaire, dans un acte qui a surtout besoin de la grave autorité et de l'imposante consécration de la justice, indépendamment de la sévérité des formes, de l'épreuve bien longue de dix années, il cachait un vice profond. En entourant ainsi la réhabilitation de solennités et comme « d'une certaine pompe, » la Consti-

(1) Code pénal des 25 sept.-6 oct. 1791, 1re part., tit. VII, art. 10 et 11.
(2) Art. 12.

tuante croyait en relever le caractère, « et la rendre plus
» féconde (1). » Elle se trompait. Le vrai repentir a une
pudeur qui craint la publicité : la lecture publique de la
condamnation, la présence nécessaire du condamné, et
la cérémonie quelque peu théâtrale dont il était l'objet,
rendaient pour beaucoup la réhabilitation peu désirable;
et ce ne fut pas l'un des moindres obstacles au développement de cette institution que ces solennités « dange-
» reuses, comme on l'a dit, si elles tendaient à humilier
» le condamné, immorales, si elles se proposaient de le
» glorifier (2). »

Mais le temps devait corriger ces imperfections, et à
la Constituante revient l'honneur d'avoir inscrit dans nos
lois le vrai principe de la réhabilitation. C'était l'idée
même de la pénitence réalisée dans une institution généreuse. Et, chose digne d'être remarquée, sans s'en douter
peut-être, la Constituante empruntait pour ce « baptême
civique, » les règles mêmes des anciennes pénitences
canoniques. La satisfaction se retrouve dans la peine
subie, dans l'acquittement des condamnations accessoires et la réparation du dommage causé. L'épreuve
destinée à constater le repentir est une règle toute canonique : comme la pénitence, elle peut être d'inégale
durée, suivant la conduite du coupable. Aussi nous est-il
difficile de ne pas voir là un souvenir peut-être involon-
taire, mais réel, de la théorie chrétienne de la pénitence.
Les paroles mêmes du rapporteur où il appelle la réhabilitation un baptême civique (c'était plutôt encore une
pénitence civique), semblent trahir la source des em-

_____

(1) M. Bonneville, *Instit. complém. du rég. pénitentiaire.*
(2) Rapport de M. Langlais au C. L. sur la loi de 1852.

prunts et la conscience de l'imitation. Quoi qu'il en soit, c'était une théorie toute chrétienne; la Constituante croyait parler peut-être au nom d'une philosophie novatrice; elle ne faisait qu'introduire et appliquer dans la pénalité l'idée fondamentale et les plus anciennes pratiques du christianisme.

CHAPITRE III.

DE LA RÉHABILITATION D'APRÈS LE CODE DE 1808 ET JUSQU'A LA LOI DE 1852.

Le sénatus-consulte du 16 thermidor an X rendit au pouvoir exécutif « *le droit de faire grâce;* » mais il ne parlait pas de la réhabilitation, et le système de la Constituante ne fut modifié que par le Code d'instruction criminelle.

Ce système avait produit peu de fruits; la réhabilitation avait été si rarement sollicitée qu'on hésita à la conserver, et qu'on se demanda « s'il y aurait un mode de réhabilitation pour les condamnés dont la conduite aurait mérité cette faveur (1). » Mais, dans la première discussion d'un projet de Code criminel, à la séance du 30 prairial an XII (19 juin 1804), présidée par l'empereur lui-même, le principe de la réhabilitation fut admis (2); seulement MM. Regnauld et Treilhard y blâmèrent vivement le système de la Constituante.

Quand, après quatre années d'interruption, la discus-

(1) *Questions destinées à former la base d'un projet de Code criminel*, 14ᵉ question (Locré, t. XXIV, p. 12).
(2) Locré, *ibid.*, p. 105 et 106.

sion fut reprise en 1808, ces opinions se reproduisirent. Le grand juge soutint que la réhabilitation est essentiellement un acte de souveraineté, et qu'elle est inutile pour les peines temporaires (1); M. Berlier rétablit les vrais principes, montra la confusion faite par le grand juge de la réhabilitation et de la grâce, qu'il déclara « fort étrangères » l'une à l'autre (2), et soutint que le principe de la réhabilitation étant le repentir, elle ne pouvait être accordée immédiatement après l'expiration de la peine, « mais que la subordonner à une meilleure conduite c'é-
» tait en inspirer au condamné le désir et le besoin (3).
» Quand sur vingt criminels, ajoutait-il, il n'y en aurait
» que deux qui revinssent à une meilleure conduite, il
» faudrait admettre le système proposé... On a objecté
» que l'opinion serait plus forte que l'arrêt de réhabili-
» tation : oui, s'il est injuste, non, au cas contraire. Au
» surplus, il ne s'agit pas de savoir si l'estime publique
» sera restituée au condamné de telle sorte qu'on ne ré-
» pugne point à s'allier avec lui; quand la réhabilitation
» ne produirait point ordinairement cet effet, il ne fau-
» drait pas la rejeter, car elle offre assez d'avantages
» pour être recherchée de tout condamné et pour donner
» ainsi une garantie à la société... Voulez-vous fermer
» aux condamnés à temps toute issue, non-seulement à
» l'estime, mais à l'exercice de certains droits? Vous les
» constituerez en état de guerre avec la société, et vous
» les obligerez à recommencer leur infâme métier. Offrez-
» leur donc, au contraire, un appât qui les rende meil-
» leurs ! Si cette vue philanthropique et sociale n'est pas

(1) Locré, t. XXVIII, p. 126.
(2) *Ib.*, p. 127.
(3) *Ib.*, p. 127.

» efficace envers tous, on ne niera pas du moins qu'elle
» puisse l'être envers quelques-uns, et cela suffit pour
» qu'on doive l'admettre (1). »

« Jusqu'à ce jour, législateurs, disait M. Réal dans
» l'exposé des motifs de ce titre, peu de réhabilitations
» ont eu lieu, parce que le régime des prisons semblait
» s'opposer à toute espèce de régénération... Nous tou-
» chons au moment où, par des moyens doux, par un
» régime salutaire, on pourra espérer améliorer l'âme du
» malfaiteur, et le rendre à l'habitude de l'ordre, du tra-
» vail et de l'obéissance aux lois. Espérons que les théo-
» ries qui ont obtenu quelques succès dans la Hollande,
» espérons que les institutions plus heureuses encore qui
» ont procuré en Pensylvanie de si merveilleux résultats,
» pourront être imitées en France, appropriées à nos
» usages, à nos mœurs, et nous procureront souvent le
» consolant spectacle du criminel rendu par le travail et
» la bonne conduite au bonheur et à la société (2). »

Le rapporteur au Corps législatif, M. Louvet, disait
de son côté : « On a vu, depuis l'Assemblée constituante,
» peu d'exemples de réhabilitation ; mais quand, par
» impossible, l'espoir d'y être admis ne servirait qu'à
» rendre meilleur *un seul individu*, la peine qu'aurait
» prise le législateur ne serait pas perdue (3). »

M. Target enfin, en proposant le titre de la réhabilitation, disait aussi : « Si ce n'est là, pour le législateur,
» qu'une douce chimère, l'idée en est belle à consacrer

---

(1) *Procès-verbaux du conseil d'État* (Locré, t. XXVIII, séance du 16 août 1808, p. 128).

(2) Locré, t. XXVIII, p. 166.

(3) *Pr.-v. du corps législatif*, séance du 16 décembre 1808. — Locré, t. XXVIII, p. 180.

» dans la loi, et suffira peut-être pour en obtenir quel-
» quefois la réalité.... Les rédacteurs du projet ont donc
» pensé qu'il fallait, sans trop de froideur de jugement,
» y consacrer l'idée morale et noble de réhabilitation.
» Ne dût-elle avoir d'application qu'une ou deux fois par
» siècle, ce ne serait pas un motif de la dédaigner...
» *La moindre utilité d'une institution qui ne peut pas nuire*
» *suffit pour la conserver* (1). »

La réhabilitation fut ainsi conservée comme une institution qui n'offrait aucun inconvénient, si elle offrait peu
d'avantages. Mais il fallait modifier le système organisé
par la Constituante : Cambacérès réclama une plus sé-
rieuse intervention de la justice, et demanda que la
décision de l'autorité judiciaire ne devînt exécutoire qu'en
vertu de lettres du prince : ainsi se forma le système
mixte organisé par le Code.

Ce système, qui admettait la triple intervention des
municipalités, des cours de justice et du chef de l'État,
maintenait une distinction très-marquée entre la réhabilitation et la grâce : si l'on n'osait pas dire que la réhabilitation est un droit pour le coupable amendé, ce
principe n'en était pas moins au fond dans l'esprit de
la loi. « Une différence essentielle, disait M. Réal dans
» l'exposé des motifs, ne permettait pas que la réhabili-
» tation, telle qu'elle est définie dans le projet, fût con-
» fondue avec les cas purement graciables : dans ceux-
» ci, il s'agit toujours ou d'abolir une peine ou de la
» commuer, et dans tous les cas de faire remise au con-
» damné d'une partie des condamnations par lui méri-
» tées. Dans la réhabilitation, au contraire, la peine est

(1) Locré, t. XXIX, p. 18.

» subie, l'amende et les frais sont soldés, et la partie
» civile est désintéressée (1). » Ainsi, à la pure faveur
qui constitue la grâce, Réal oppose la satisfaction préalable, qui est la condition de toute réhabilitation : mais
l'opposition est mieux marquée encore dans ces paroles,
où il en précise le rôle : « Le condamné est quitte envers
» la loi, envers le fisc, envers les particuliers; mais la tache
» d'infamie lui reste, il est retenu dans les liens d'une
» incapacité dont la réhabilitation seule peut le débar-
» rasser : environnée de toutes ces circonstances, si la
» réhabilitation n'est pas de droit, au moins faut-il con-
» venir qu'elle est de toute équité. » Il est donc évident
qu'on ne pouvait la confondre avec la remise et la commutation de peine, et autres cas purement graciables ;
» mais elle s'y rattachait, parce que le prince seul pou-
» vait effacer la tache d'infamie imprimée par la con-
» damnation et faire cesser les incapacités produites par
» le jugement. » Et il ajoute, en terminant, ces mots où
éclate enfin une pensée jusque-là contenue : « Puisqu'il
» n'était plus question du droit de grâce, puisqu'il s'agis-
» sait de la *reconnaissance d'un droit acquis*, les dispen-
» sateurs de la justice, les tribunaux ne pouvaient rester
» étrangers à l'instruction qui doit précéder le juge-
» ment : il a donc fallu, dans cette matière *mixte de sa*
» *nature*, admettre le concours des tribunaux en ouvrant
» le recours au prince (2). »

Telles sont les idées, un peu confuses, il faut bien le
dire, qui présidèrent en 1808 à la rédaction du titre de

____

(1) L'exposé des motifs subordonnait, on le voit, la réhabilitation à la satisfaction préalable aux condamnations accessoires; mais cette condition ne se
trouvait pas dans le texte de la loi.

(2) Locré, t. XXVIII, p. 165.

la réhabilitation. Par bon sens, on s'attachait au principe nouveau introduit par la révolution : « Cette belle » pensée, disait avec raison M. Louvet, n'est point an- » cienne dans nos lois : elle remonte à la Constituante (1). » Mais en même temps, tout en distinguant très-nettement la réhabilitation de la grâce, on continuait d'y voir un acte de souveraineté, on en faisait un attribut de cette prérogative qui s'était relevée avec la monarchie. De là ce compromis qui est le fond du système de 1808, entre le pouvoir exécutif et les pouvoirs administratif et judiciaire.

Dans le système de la Constituante, les tribunaux ne faisaient que donner une consécration légale à l'avis de la municipalité qu'ils ne pouvaient se dispenser d'enregistrer. C'était en réalité la municipalité qui prononçait souverainement. Cette procédure peu convenable fut avec raison réformée. La municipalité continua de donner des attestations de bonne conduite délibérées dans le conseil municipal (2), et d'être ainsi, comme le disait Cambacérès « l'organe de l'opinion. » Mais la liberté de décision fut rendue à l'autorité judiciaire. La demande en réhabilitation et les pièces à l'appui étaient déposées au greffe de la cour dans le ressort de laquelle résidait le condamné. La notice de la demande était insérée au journal judiciaire du lieu ou siégeait la cour et du lieu où la condamnation avait été prononcée (3). Trois mois au moins après la présentation de la demande, sur le vu des pièces et les conclusions du procureur général, la cour, chambre criminelle, donnait son avis (4).

(1) Locré, t. XXVIII, p. 179.
(2) Code d'inst. crim. de 1808, art. 220.
(3) 621-625.
(4) 626.

S'il était défavorable, le condamné se trouvait soumis par cela seul à une prolongation de délai. La cour avait donc en réalité le droit de refuser la réhabilitation, elle n'avait pas, à l'inverse, le droit de la prononcer : elle ne pouvait que donner un avis favorable, et c'était alors le prince qui statuait sur le rapport du ministre de la justice. Si elle était prononcée, des lettres de réhabilitation étaient adressées à la cour qui avait délibéré l'avis (1).

Quelles personnes pouvaient être réhabilitées et quelles étaient les conditions d'admission de la demande? Comme dans les lois précédentes, les seuls condamnés à des peines afflictives ou infamantes pouvaient prétendre à la réhabilitation ; elle était, disait-on, sans objet pour les autres, parce que l'infamie ne les atteignait pas. Le délai fixé par la Constituante fut réduit de moitié. La demande pouvait être formée cinq années après l'expiration de la peine pour les condamnés aux travaux forcés à temps ou à la réclusion, et pour les condamnés à la peine du carcan, après l'exécution de l'arrêt. Nul n'était recevable à faire cette demande s'il ne demeurait depuis cinq ans dans le même arrondissement, et depuis deux ans au moins dans la même municipalité ; enfin, les attestations délivrées par le conseil municipal devaient être approuvées par l'autorité administrative et judiciaire, par les juges de paix des lieux où le condamné avait résidé, le procureur impérial et le sous-préfet (2).

Une disposition formelle (3) excluait les récidivistes :

(1) Art. 628-632.
(2) Art. 619 et 620.
(3) Art. 634.

« Cette faveur ne saurait être due, avait dit M. Berlier,
» à un homme aussi endurci dans le crime (1). »

Quant aux effets de la réhabilitation, ils étaient moins
étendus que sous la loi de 1791 : elle ne faisait plus cesser, comme alors, tous les effets de la condamnation ; elle
effaçait seulement pour l'avenir, dans la personne du
condamné, toutes les incapacités dont il était frappé (2).

Ce système n'était au fond que celui de la Constituante,
modifié et mis en harmonie avec la nouvelle forme de
gouvernement : il se rapproche, par l'intervention laissée
à l'autorité judiciaire, de la consécration d'un droit.
Mais, d'autre part, au prince appartient de décider souverainement ; il peut improuver l'avis de la cour, et à
ce point de vue, bien que distincte de la grâce, la réhabilitation n'est plus vraiment l'objet d'un recours de
droit. Mais « si la réhabilitation ainsi obtenue participe
» à la fois de la grâce et de la justice, elle tient plus
» encore de la justice, parce que la loi confère au con-
» damné le droit précis de la demander (3). »

Cette législation déniait-elle à l'empereur le droit de
réhabiliter avant l'expiration des délais, et sans l'accomplissement des formalités prescrites par la loi? Y avait-il,
en un mot, outre la réhabilitation de justice organisée
par le Code une réhabilitation gracieuse? On se fonda,
pour le soutenir, sur le sénatus-consulte de thermidor
qui avait rendu sans réserve au chef de l'État le droit *de
faire grâce*, et sur l'utilité d'une pareille réhabilitation
pour les condamnés à des peines perpétuelles : le Code,
en effet, exigeait que la peine eût été subie sans parler

(1) Locré, t. XXVIII.
(2) Art. 633.
(3) Coin-Delisle sur l'art. 32 C. civ.

du cas où elle aurait été abrégée par la grâce ; on avait dû en conclure que ces condamnés ne pouvaient jamais obtenir la réhabilitation de justice.

La charte de 1814, en même temps qu'elle sanctionnait les Codes promulgués sous l'empire, donnait au roi « le droit de faire grâce et de commuer les peines (1). » La tendance du pouvoir à reprendre alors les errements de l'ancienne monarchie, et l'obscurité des dispositions de la loi, amenèrent un débat important sur l'étendue de cette nouvelle prérogative et les rapports de la réhabilitation et de la grâce. Voici quelle en fut l'occasion.

L'art. 3 de la loi sur les pensions militaires du 28 fructidor an VII, portait que le droit à la solde de retraite se perdait par la condamnation à une peine afflictive ou infamante jusqu'à réhabilitation. Un grand nombre de militaires condamnés à des peines de cette nature ayant été graciés, se présentèrent au ministère des finances pour réclamer leurs pensions, et alors s'éleva la question de savoir si les lettres de grâce emportaient réhabilitation, ou bien si ceux qui les avaient obtenues devaient encore, pour être réhabilités, remplir les formalités prescrites par le Code d'instruction criminelle ; en d'autres termes, s'il y avait deux réhabilitations, l'une de droit commun organisée par le Code, l'autre d'exception, résultant des lettres de grâce et attribution spéciale de la prérogative royale. Après des variations dans les décisions du ministère et un vif débat entre le comité des finances et les bureaux, cette importante question fut renvoyée à l'examen de trois comités du conseil d'État.

Le Code, disait-on en faveur de la prérogative royale,

(1) Art. 67.

ne fait nulle part allusion à la grâce : il semble, au contraire, par toutes ses dispositions, avoir voulu exclure la réhabilitation du cas où la grâce serait intervenue. Ainsi il exige que le condamné ait subi sa peine, il ne fait courir le délai d'épreuve que de l'expiration de la peine, sans parler du cas où elle aurait été abrégée par la grâce ; il n'applique la réhabilitation qu'aux travaux forcés à temps, quand par l'effet de la grâce elle pourrait aussi bien s'appliquer aux travaux forcés à perpétuité, et de même à la dégradation civique, au bannissement, à la déportation. Le Code n'a donc voulu organiser, et les travaux préparatoires le prouvent, qu'une réhabilitation toute judiciaire, qui ne se rattache aux cas graciables qu'en ce que le prince seul peut effacer l'infamie et faire cesser les incapacités, et qui, hors de là, n'a rien de commun avec la grâce. Priver le prince, ajoutaient les défenseurs de cette opinion, du pouvoir de réhabiliter dans des lettres de grâce, ce serait porter atteinte aux droits de la couronne. Dans le droit romain et dans notre ancien droit, la réhabilitation a toujours été considérée comme une simple modification de la grâce ; le droit de grâce est une prérogative essentiellement politique, qui doit jouir d'une indépendance absolue, et ne connaître d'autre limite que la volonté suprême dont elle émane.

On répondait que toutes les dispositions du Code pouvaient parfaitement s'expliquer en n'admettant qu'une seule espèce de réhabilitation ; que loin de supprimer la prérogative royale, il avait eu pour but, au contraire, de la rétablir. Dans le nouveau système, en effet, c'était le prince qui réhabilitait en personne, et toute la différence avec le système ancien, c'était qu'au lieu d'être

purement spontanée, la réhabilitation était soumise à
des formalités préalables ; si le Code n'avait pas parlé du
cas où la peine était remise par la grâce, c'était qu'il
n'avait parlé que du cas le plus commun ; son but avait
été d'opposer à un acte juridique entraînant infamie un
acte gracieux par lequel cette infamie fût effacée ; dès
lors il devait y avoir lieu à réhabilitation partout où il y
avait eu infamie encourue : or la grâce n'efface pas l'infamie. La loi déclarait que le récidiviste ne serait jamais
réhabilité, et il pouvait être gracié comme tout autre :
comment concilier une prohibition aussi absolue avec le
libre exercice de la prérogative, s'il était dans la nature
de la grâce d'emporter réhabilitation? L'orateur qui ex-
posait les motifs de la loi distinguait sans doute la réhabilitation de la grâce, mais il reconnaissait formellement qu'elle se rattachait à la prérogative, et que cette
matière était « mixte de sa nature. » Quant aux arguments historiques, si dans le droit romain et notre ancien
droit, la réhabilitation n'était qu'une modification de la
grâce, elle ne s'en distinguait pas moins nettement. La
grâce avait si peu l'effet de réhabiliter, qu'au contraire
elle semblait ajouter à l'infamie. A l'ancien droit de remontrance des parlements, la loi nouvelle avait substitué
certaines formalités auxquelles le roi lui-même s'était
soumis par l'art. 68 de la charte ; le pouvoir judiciaire ne
pouvait rester étranger à un acte qui avait pour but de
rendre à un citoyen la capacité qu'il avait perdue ; mais,
en somme, c'était le roi qui avait le dernier mot, et la
prérogative n'était point atteinte.

Tels étaient les pricipaux arguments de cette controverse : après une discussion approfondie, le conseil d'État
rendit le célèbre avis du 8 janvier 1823 où il distinguait

la réhabilitation de la grâce, dans des termes qui méritent d'être cités :

« Considérant que la grâce et la réhabilitation diffèrent essentiellement, soit dans leurs principes, soit dans leurs effets ;

» Que la grâce dérive de la clémence du roi, et la réhabilitation de sa justice ;

» Que l'effet de la grâce n'est pas d'abolir le jugement, mais seulement de faire cesser la peine ;

» Qu'aux termes du Code d'instruction criminelle, le droit de réhabilitation ne commence qu'après que le condamné a subi sa peine ; que l'effet de la réhabilitation est de relever le condamné de toutes les incapacités soit civiles, soit politiques qu'il a encourues ;

» Que ces incapacités *sont des garanties données par la* » *loi soit à la société soit aux tiers*, et que la grâce accordée » au condamné ne peut pas plus le relever de ces incapa- » cités que de toutes les autres dispositions qui auraient » été rendues en faveur des tiers. »

Par ces motifs, l'avis déclarait que le roi n'avait pas le droit de réhabiliter dans des lettres de grâce, et qu'en pareil cas, le gracié n'était dispensé de remplir aucune des formalités prescrites par le Code d'instruction criminelle. Il distinguait nettement la réhabilitation et la grâce, en faisant dériver l'une de la clémence du prince et l'autre de sa justice. Malgré cet avis, devenu ordonnance royale le 8 janvier 1823, Legraverend atteste que le roi accorda quelquefois des lettres de réhabilitation avant l'expiration des délais fixés par la loi.

La charte de 1830 reproduisit textuellement l'art. 67 de la charte de 1814. La révision de 1832, sans rien changer aux principes du Code sur la réhabilitation, apporta

dans ses dispositions deux améliorations importäntes. L'art. 619, en exigeant d'une manière absolue que la peine eût été subie, excluait de la réhabilitation les condamnés dont la peine était remise par la grâce. De plus, bien que le premier paragraphe de l'art. 619 dit généralemént : tout condamné à une peine *afflictive* ou *infamante* pourra être réhabilité ; le second paragraphe énumérant limita-tivement les peines, ne parlait que du carcan ; d'où certains interprètes, se fondant sur le texte formel de la loi, avaient conclu que les condamnés au bannissement ou à la dégradation civique ne pouvaient être réhabilités. La révision de 1832 répara en partie ces omissions, en insé-rant dans cet article deux dispositions dont l'une admettait à la réhabilitation « les condamnés qui avaient obtenu « des lettres de grâce ou de commutation, » et dont l'autre la déclarait également applicable aux condamnés à la dégradation civique.

Le Code, nous l'avons dit, n'admettait pas à la réhabilitation les condamnés à des peines correctionnelles. Ainsi, de deux coupables condamnés pour le même crime, l'un à la réclusion, et l'autre à l'emprisonnement par suite de l'admission de circonstances atténuantes, le premier, c'est-à-dire le plus coupable pouvait reconquérir ses droits ; l'autre en demeurait à jamais privé. Ainsi encore, quand un voleur de grand chemin avait eu pour complice un mineur de seize ans, qui n'était condamné qu'à l'emprisonnement dans une maison de correction en vertu de l'art. 67 du C. pén., le brigand endurci dans le crime pouvait effacer la tache que lui imprimait la con-damnation, et pour le jeune enfant moins corrompu qu'égaré, elle était ineffaçable (1). Le vice d'un pareil

(1) Exposé des motifs de la loi du 6 juillet 1832.

système était peu sensible en 1808 : il n'existait guère alors qu'une ou deux incapacités perpétuelles attachées à des condamnations correctionnelles (1). Le Code pénal, promulgué deux ans après, présentait deux cas où des condamnations correctionnelles entraînaient l'incapacité perpétuelle d'exercer aucune fonction publique (2). La loi du 28 avril 1816 introduisit pour certains condamnés à des peines correctionnelles l'incapacité perpétuelle d'être agent de change ou courtier (3), et après 1830 diverses lois attachèrent à des condamnations correctionnelles les incapacités perpétuelles de faire partie de la garde nationale (4), de servir dans l'armée (5), de tenir école (6). Ces incapacités perpétuelles de leur nature devaient-elles être irrémissibles ? Deux jurisprudences opposées se produisirent sur cette question. Un avis du conseil d'État, du 15 janvier 1831, déclara ces incapacités irrévocables ; la cour de Paris, au contraire, dans un avis du 11 mai 1838, pensa que la réhabilitation existait virtuellement dans le système du Code pour les condamnés à des peines correctionnelles ; mais cet avis, déféré à la cour de cassation en vertu de l'art. 441 C. inst. crim., fut censuré par elle, sur le réquisitoire de M. Dupin, qui montra que la réhabilitation était tellement limitée aux condamnations criminelles qu'elle ne s'étendait même qu'à certaines peines désignées.

Il fallait une solution législative. Dès la même année, une commission fut nommée par le ministre de la justice

<hr>

(1) C. procéd., art. 283.
(2) C. pénal, art. 171 et 175.
(3) Art. 53.
(4) L. du 22 mars 1831, art. 13.
(5) L. du 21 mars 1832, art. 2.
6) L. du 18 juin 1833, art. 5.

pour étudier la question, et un projet de loi fut préparé.
Deux propositions furent successivement faites, l'une à
la chambre des pairs en 1842, l'autre à la chambre des
députés en 1846 : toutes deux furent repoussées (1).

Aprés la révolution de février, un décret du gouvernement provisoire, du 18 avril 1848, fit cesser cette anomalie. D'après ce décret, tout condamné correctionnellement pouvait obtenir sa réhabilitation trois ans après
l'expiration de sa peine, pourvu qu'il fût domicilié depuis
deux ans accomplis dans la même commune. Il devait
adresser directement sa demande au procureur général
de la cour dans le ressort de laquelle la condamnation
avait été prononcée, et y joindre des attestations de
bonne conduite délivrées par les maires des communes
qu'il avait successivement habitées, approuvées par les
sous-préfets. Mais ce décret, sans motifs, renversait l'ancien système, supprimait l'intervention des cours de justice et du chef de l'État, et concentrait les attributions
des trois pouvoirs aux mains du ministre de la justice,
qui statuait sur le simple avis du procureur général.

Pour rétablir les anciens principes et coordonner les
nouvelles dispositions relatives aux condamnés à des peines correctionnelles, une loi nouvelle fut jugée nécessaire. Ce décret n'était d'ailleurs que provisoire, « et il
» fallait la stabilité et la permanence à une loi qui règle
» la capacité civile. » On avait signalé aussi dans le système du Code d'instruction criminelle, des imperfections
qu'il était utile de corriger. L'exclusion des récidivistes
et des bannis, le silence gardé quant à la satisfaction

(1) Toujours par cette raison que l'infamie n'atteignait pas les condamnés à
des peines correctionnelles. (V. le rapp. de M. Chaix d'Est-Ange.)

préalable à la partie civile, étaient de fâcheuses lacunes ; enfin la sévérité des formes, le nouveau délai de cinq ans après un premier échec, la publicité officielle de la demande avaient été vivement critiqués : « Il est à re-» gretter peut-être, disaient MM. Chauveau et Hélie, » que cette faculté de la réhabilitation à laquelle notre » dernière loi pénale a apporté de notables améliorations, » et qui pouvait excercer une si forte influence sur l'a-» mendement moral des condamnés, soit encore entravée » par trop de formes et de solennités (1). » Les résultats ne justifiaient que trop ces critiques : au lieu de ce *minimum* de 2 sur 20 qu'on se flattait d'obtenir en 1808, les statistiques offraient à peine une moyenne de 1 réhabilité sur 100 condamnations (2). Ce fut dans le but de corriger ces vices divers qu'intervint la loi du 6 juillet 1852, qui forme la législation actuelle, et dont nous avons maintenant à nous occuper.

(1) *Théorie du Code pénal*, t. I, p. 237.
(2) M. Bonneville, *Inst. complém.*, p. 639.

LIVRE III.

LÉGISLATION ACTUELLE.

CHAPITRE PREMIER.

DE LA RÉHABILITATION D'APRÈS LA LOI DU 6 JUILLET 1852.

La loi nouvelle relève, comme celle de 1808, mais plus directement encore, du principe introduit par la révolution : « En face, dit l'exposé des motifs, des rigueurs
» que commandent les premières nécessités de la vie so-
» ciale, à la rentrée des condamnés au sein de la société
» qu'ils ont profondément troublée, viennent se placer
» les réparations non moins légitimes que sollicitent les
» longues expiations, les régénérations accomplies, et que
» justifie enfin l'imperfection des législations humaines.
» De même qu'une haute prérogative a été créée pour
» tempérer au besoin par la modification ou la suppression
» de la peine, les inexorables sévérités de la justice; de
» même, du fond de la loi pénale une institution a dû
» s'élever qui eût pour effet de détruire, en retour du re-
» pentir obtenu et de l'amendement constaté, les der-
» niers vestiges de la condamnation (1).... Quant la re-
» ligion offre au repentir des espérances consolantes, la
» loi humaine peut-elle être impitoyable (2)? » Ainsi, la

(1) Exposé des motifs de la loi de 1832 (*Moniteur* du 17 avril 1832).
(2) Rapport de M. Langlais (*Moniteur* du 4 mai).

réhabilitation se sépare nettement de la grâce, non-seulement par l'objet, puisque l'une agit sur les incapacités,
l'autre sur la peine, mais par le caractère, et si on les
compare encore, c'est pour les distinguer : « Vouloir
» assimiler la réhabilitation et la grâce, disait-on dans
» la discussion, c'est faire une confusion monstrueuse en
» droit pénal : *la réhabilitation est une justice rendue au*
» *condamné tandis que la grâce est un acte de clémence* (1). »
Ainsi la réhabilitation n'est plus le complément de la
grâce; elle est le prix de l'expiation et du repentir, le
complément de la justice même.

Tel est l'esprit de la loi nouvelle. Il semble, dès lors,
qu'elle aurait dû faire de la réhabilitation l'objet d'un
véritable recours de droit, et s'en remettre aux tribunaux
du soin de la prononcer. Mais dans le but d'en relever le
caractère et de la faire mieux accepter, elle a, pour lui
assurer l'assentiment unanime des trois grands pouvoirs
de l'État, maintenu le compromis adopté par le Code
de 1808 ; la commune est consultée, la justice donne son
avis : défavorable, cet avis suffit pour arrêter la demande ; favorable, il en saisit en quelque sorte le chef
de l'État qui demeure maître de la repousser, mais qui,
grâce à ce système, ne peut jamais à l'inverse admettre
une réhabilitation que la justice aurait rejetée. Ce droit
souverain de décision laissé au chef de l'État n'empêche
pas que la réhabilitation soit au fond une justice; on a
voulu seulement la rendre plus respectable en l'entourant de plus de garanties.

La réhabilitation peut donc être définie : un acte mixte
quant à la forme, participant à la fois, sous ce rapport,

___

(1) *Moniteur* du 5 mai 1852, discours de M. Debelleyme.

de la restitution légale et de la restitution gracieuse, mais tenant plus au fond de la justice que de la clémence, et qui a pour effet de réintégrer à l'avenir le condamné qui a expié son crime et dont le repentir est éprouvé, dans les droits que lui avait enlevés la condamnation.

La loi conserve ainsi le système ancien, mais en l'améliorant : à côté des condamnés à des peines correctionnelles déjà admis par le décret de 1848, elle admet à la réhabilitation les bannis, les récidivistes, et l'étend en principe à toute incapacité résultant d'une condamnation ; elle exige la complète réparation du passé par la satisfaction à toutes les condamnations accessoires ; et supprimant l'insertion dans les journaux, elle réduit la publicité de la demande à cette publicité « naturelle et nécessaire » qui résulte du jugement.

Nous diviserons nos développements sur cette loi en trois parties : nous traiterons d'abord des personnes qui peuvent être réhabilitées, et des conditions qu'elles ont à remplir, puis de la procédure, et enfin des effets de la réhabilitation.

SECTION I.

DES PERSONNES QUI PEUVENT ÊTRE RÉHABILITÉES ET DES CONDITIONS DE LA RÉHABILITATION.

La loi de 1808 consacrait, en cette matière, une double anomalie : elle n'admettait à la réhabilitation que les condamnés à des peines afflictives ou infamantes, et la refusait aux condamnés à des peines correctionnelles, système inconséquent et injuste qui attachait à la peine du crime des incapacités rémissibles, et à la peine du délit des incapacités irrévocables ; de cette exclusion résultait cette seconde anomalie, que souvent une incapacité *perpétuelle* se trouvait *nécessairement* attachée à une peine *temporaire.*

La loi nouvelle admet un principe plus large et plus juste. On peut le formuler ainsi : partout où il y a incapacité résultant d'une condamnation, il peut y avoir réhabilitation. Plus de distinction entre les peines afflictives ou infamantes et les peines correctionnelles (1); désormais, tout condamné frappé de quelque incapacité pourra être réhabilité. Aucune incapacité n'étant attachée aux condamnations trop légères des contraventions, elles sont les seules qui ne puissent jamais donner ouverture à réhabilitation. Peu importe que la condamnation ait été prononcée pour délits communs, ou pour délits prévus par des lois spéciales (2); peu importe que l'incapacité fût nécessairement attachée à la peine par la loi ou qu'elle ait été prononcée par le juge (3). Plus de distinction entre les incapacités perpétuelles et les incapacités temporaires : « Partout où il y a incapacité per
» pétuelle, dit l'exposé des motifs, il doit y avoir lieu à
» réhabilitation : ces deux idées sont corrélatives ; l'inca
» pacité perpétuelle a sa raison dans l'indignité présu
» mée, et cette présomption cède à des épreuves suffi
» santes pour rassurer la société (4). » Le principal motif d'appliquer la réhabilitation aux incapacités perpétuelles, c'est précisément leur perpétuité : le même motif n'existe plus pour les incapacités temporaires ; on pourrait donc

(1) Art. 610.

(2) Une proposition de M. d'Andelarre, qui demandait cette distinction, a été repoussée, parce que ces individus ne sont ni plus coupables ni plus dangereux.

(3) Ceci résulte de la discussion et du rejet d'une proposition tendant à distinguer ces deux sortes d'incapacités.

(4) Exposé des motifs (*Moniteur* du 4 mai 1832).

se demander si la réhabilitation s'y applique également :
mais le doute n'est pas possible en présence de la généralité du texte de la loi, et surtout de l'exposé des motifs
qui déclare « qu'on ne pouvait distinguer les incapacités
» temporaires des perpétuelles, parce qu'autrement un
» individu frappé successivement de ces deux sortes d'in-
» capacités pourrait se faire libérer des unes et non des
» autres (1).

Plus de distinction entre les différentes peines infamantes : on se demandait autrefois si les condamnés à la
dégradation civique pouvaient être réhabilités, et si,
pour les condamnés au bannissement, les incapacités
cessaient à l'expiration de la peine, ou s'ils étaient tenus
de subir les délais et de remplir les conditions de la réhabilitation ordinaire (2). La révision de 1832 avait déjà
tranché la première de ces questions, et admettait à la
réhabilitation, comme le fait la loi actuelle, les condamnés à la dégradation civique (3); mais elle n'avait rien
dit des bannis, et, à leur égard, les doutes avaient subsisté (4). Bien que la loi garde le même silence sur cette
question, la solution ne nous en paraît plus douteuse.
En effet, le bannissement entraîne la dégradation civique (5). Or on a formellement déclaré dans les travaux
préparatoires qu'il n'y avait aucune distinction à faire
entre le cas où elle n'est que l'accessoire de la peine et

(1) Exposé des motifs (*Moniteur* du 4 mai 1832).
(2) Cette question était décidée en sens contraires par MM. Carnot et Legraverend.
(3) La dégradation civique avait été jusque-là l'accessoire du carcan ; la suppression du carcan en ayant fait une peine principale, le législateur de 1832 dut
s'en préoccuper.
(4) V. M. Bonneville.
(5) C. pén., art. 28.

celui où elle est prononcée principalement. Dans ce dernier cas, elle soumet le condamné à toutes les épreuves et à toutes les conditions de la réhabilitation : il doit donc en être de même dans le premier.

On se demandait encore si les condamnés à la surveillance de la haute police prononcée principalement, pouvaient être réhabilités. La surveillance, disait-on, est alors une véritable peine, et qui peut être perpétuelle (1). Permettre à ceux qui en sont frappés de se faire réhabiliter, serait à la fois empiéter sur le domaine de la grâce et violer ce principe de la loi qui veut que la peine ait été subie. On répondait qu'en fait, au moins, les condamnés à la surveillance n'étaient jamais graciés, et que, d'ailleurs, la surveillance impliquait une incapacité de locomotion qui échappait logiquement à l'action de la grâce. La loi nouvelle tranche la question en accordant formellement aux condamnés à la surveillance le droit d'être réhabilités (2).

Mais devait-on admettre à la réhabilitation les récidivistes ? Le droit romain et les anciens criminalistes leur refusaient le bénéfice de la grâce (3). Cette restriction n'avait pas été formulée dans l'ordonnance de 1670. Quelle raison y avait-il, en effet, de les en déclarer nécessairement exclus ? Quand la réhabilitation relevait d'un autre principe et se fondait sur le repentir, la question devenait plus délicate. Le récidiviste qui n'a pas su profiter d'un premier châtiment profitera-t-il mieux d'un second ? N'est-ce pas un criminel endurci qui se déclare en révolte ouverte contre la loi ? Le Code d'instruction

(1) C. pén., art. 108.
(2) Art. 620.
(3) M. Bonneville, p. 178.

criminelle, nous l'avons vu, les avait exclus, sur une observation de M. Berlier, « comme incorrigibles. » Mais la loi nouvelle a pensé avec raison que deux délits pouvaient avoir été commis, à peu d'intervalle, dans un âge d'effervescence et sous l'empire de passions que le temps apaise ; que les épreuves imposées pour la réhabilitation étaient une garantie suffisante, et qu'il convenait de ne pas « poser en principe l'impénitence finale des libérés, • et de ne pas leur rendre la loi inexorable (1). » Pourquoi d'ailleurs les exclure de la réhabilitation quand ils sont admis au bénéfice des circonstances atténuantes (2)? Pourtant la discussion amena un amendement au projet qui admettait tous les récidivistes sans distinction, et fit exclure les récidivistes pour crime : « Aucun » individu condamné pour crime qui aura commis un se- • cond crime et subi une nouvelle condamnation à une » peine afflictive ou infamante, ne sera admis à la réhabi- » litation (3). » Il faut que les deux condamnations aient été prononcées pour crime ; mais faut-il qu'elles aient prononcé toutes les deux des peines afflictives ou infamantes? Doit-on s'attacher, en un mot, à la nature de l'infraction ou à la qualité de la peine? L'amendement a voulu exclure « les récidivistes pour crime; » il faut donc appliquer les principes consacrés en matière de récidive où tout se règle d'après la qualité de la peine. Si la première condamnation, bien qu'ayant eu lieu pour crime, n'a prononcé qu'une peine correctionnelle, un nouveau crime ne constitue pas une récidive et n'entraîne pas aggravation de peine. Et il résulte évidemment du texte de

(1) Exposé des motifs.
(2) C. Inst. crim., art. 341.
(3) Art. 634.

la loi que si la seconde condamnation, par suite de l'admission de circonstances atténuantes, n'avait prononcé qu'une peine correctionnelle, la réhabilitation ne serait pas impossible (1).

La réhabilitation a été avec raison refusée à celui qui, après avoir été réhabilité, aurait subi une condamnation nouvelle. Celui-là, en effet, n'a pas justifié les espérances que la société avait conçues de lui : « Cette haute » faveur, disait l'exposé des motifs, ne doit pas être prodiguée ; elle repousse l'hypocrisie qui la convoite et » ne doit pas être accordée à ceux-là qui s'en sont couverts pour tromper la confiance publique. »

Première condition. — Des conditions imposées à la réhabilitation, les unes ont trait au passé, les autres à l'avenir. Pour qu'elle soit légitime, il faut, avant tout, que la société soit satisfaite quant au passé, principe que nous avons vu apparaître déjà dans notre ancien droit, et que la loi actuelle a maintenu en le développant. La première condition est donc que la peine ait été subie (2). La peine est la dette du coupable envers la société, c'est l'expiation nécessaire à l'exemple et commandée par la justice. Le coupable doit s'y être soumis et l'avoir subie en entier : s'il s'évade avant la fin, il ne pourra être réhabilité : en reculant devant la peine, il se prive volontairement du bénéfice de la réhabilitation. De même s'il ne s'en est libéré que par prescription ; et alors la réhabilitation lui est à jamais refusée, puisqu'il ne peut plus être admis à subir sa peine. Il n'est satisfait au vœu de la loi que par l'exécution de la peine ou la remise qui

---

(1) *Sic* M. Trébutien.
(2) Art. 619.

on est faite par la grâce du souverain. Ainsi jugé avec raison par deux arrêts de la cour de Paris. « Autant le
» législateur, dit l'un de ces arrêts, a dû se montrer in-
» dulgent envers les condamnés qui, par leur repentir et
» leur bonne conduite, ont mérité la remise partielle ou
» totale de leur peine, autant il a dû se montrer rigou-
» reux envers ceux qui se sont soustraits à l'exécution de
» la condamnation (1). »

La grâce, en effet, équivaut, pour la réhabilitation, à la peine subie, et « le bienfait du souverain est, aux
» yeux de la loi, une garantie aussi puissante que l'ex-
» piation même. » Par la grâce, le souverain remet au condamné la dette qu'il avait contractée envers la société par son délit; la société se déclare elle-même satisfaite. La grâce étend ainsi le bénéfice de la réhabilitation aux condamnés à des peines perpétuelles. Le condamné à mort lui-même, dont la peine a été commuée en une peine temporaire ou en une peine perpétuelle qui lui est plus tard remise, peut être réhabilité. Heureuse combinaison de la justice et de la clémence, qui, sans revenir au système de 1791, et en maintenant la perpétuité des peines, a su concilier en une certaine mesure les exigences sociales avec ce principe qu'il ne faut désespérer de l'amendement d'aucun coupable.

Deuxième condition. — La peine est la réparation sociale; mais si elle est la plus importante des satisfactions, elle n'est pas la seule : outre la peine principale, le coupable a été condamné aux frais; il peut avoir été condamné à une amende, enfin à des dommages-intérêts

(1) Paris, 5 avr. 1853 (*J. du palais*, t. LXI, p. 478), et 5 juill. 1853 (D. 54, 5, p. 401). — Sic Guichard, *Dr. civ.*, n° 351.

envers la partie lésée. Nous avons vu que, dans notre ancien droit, les lettres de réhabilitation exigeaient d'ordinaire, comme condition préalable de l'entérinement, la réparation du dommage causé (1). La loi de 1791 refusait au réhabilité l'exercice des droits de citoyen *actif*, jusqu'à l'acquittement des condamnations pécuniaires et des *dommages-intérêts*. L'exposé des motifs du Code d'instruction criminelle subordonnait la réhabilitation au désintéressement complet du fisc et des particuliers; mais le Code lui-même était resté muet sur ce point. La loi de 1852 a réparé cette omission, et a fait de la satisfaction aux condamnations accessoires une condition de l'admissibilité de la demande; elle le devait au nom des deux principes sur lesquels la réhabilitation repose : le désintéressement de la partie civile est, en effet, et le complément nécessaire de la satisfaction due à la société, et la preuve la meilleure et la plus sûre d'un vrai repentir. Il y avait une raison de plus de l'exiger : autrefois, en effet, la publicité donnée à la demande en réhabilitation permettait aux tiers de s'opposer à l'entérinement, et aujourd'hui, l'insertion de cette demande dans les journaux est supprimée.

Le condamné qui veut obtenir sa réhabilitation devra donc justifier « du payement des frais de justice, de » l'amende et des dommages-intérêts auxquels il a été » condamné, ou de la remise qui lui en a été faite (2). » Mais il peut être insolvable, et, comme on l'a dit, pauvreté n'est pas vice : « à défaut de cette justification, il » doit établir qu'il a subi le temps de contrainte par

(1) Ord. de 1670.
(2) C. Inst. crim., 623.

» corps déterminé par la loi, ou que la partie lésée a
» renoncé à ce moyen d'exécution (1). » « La contrainte
» par corps, disait l'exposé des motifs, a paru le signe
» le moins trompeur auquel on pût reconnaître cette in-
» solvabilité, parce qu'il s'appuie sur les inspirations de
» l'intérêt privé ; la victime d'un délit ou d'un crime ne
» renoncera pas à la contrainte par corps, tant qu'elle
» conservera l'espoir d'être indemnisée : on ne verra
» aussi que dans des cas bien rares un criminel sacrifier
» de longues années de liberté seulement pour se sous-
» traire aux dommages-intérêts. La société, d'ailleurs,
» ne serait pas désarmée devant les abus ; car, si la loi
» ne peut tout prévoir, l'autorité des Cours d'appel peut
» tout empêcher. » Ce à quoi la loi tient ici, comme pour
la peine, c'est à la réparation effective : la Cour de Paris
a donc bien fait de juger que celui qui ne s'est libéré de
l'amende que par la prescription ne peut être réhabilité (2); nous n'hésitons pas à étendre cette décision
aux réparations civiles, et c'est ce qu'a fait un arrêt de la
même Cour, qui déclare que « le condamné qui ne jus-
» tifie pas qu'il a subi le temps de contrainte par corps
» déterminé par la loi ou que la partie lésée a renoncé à
» ce moyen d'exécution, ne peut suppléer à cette justi-
» fication par *un certificat d'indigence ou par la prescrip-*
» *tion* (3). »

Par une conséquence analogue du principe qui exige
la réparation intégrale du passé, une disposition, due
à un amendement de la commission, oblige le condamné
pour banqueroute frauduleuse qui demande sa réhabili-

(1) Cod. Instr. crim., 623.
(2) Paris, 5 avril 1853.
(3) Paris, 5 juillet 1853.

tation à justifier du payement du passif de la faillite en capital, intérêts et frais, ou de la remise qui lui en aurait été faite. L'amendement étendait cette disposition au banqueroutier simple; on ne l'a maintenue que pour le banqueroutier frauduleux, à l'égard duquel elle était de jurisprudence à la chancellerie.

Troisième condition. — Il ne suffit pas que le condamné ait réparé le passé : même après la peine subie, il demeure sous le coup d'une présomption d'indignité; les incapacités qui le frappent sont, nous l'avons vu, des garanties accordées par la loi à la société et aux tiers; avant de les effacer, la société a le droit et le devoir de lui demander un gage de son retour au bien. De là la nécessité « d'une sorte d'épreuve à laquelle elle le sou- » met avant de lui rendre ses droits (1), » d'un délai entre l'expiration de la peine, et la demande en réhabilitation. Ce délai était de dix ans sous la loi de 1791 : lorsque la demande était repoussée, le libéré pouvait la renouveler après deux autres années. Le Code d'instruction criminelle réduisit la première période à cinq années, mais éleva le seconde également à cinq ans. La loi nouvelle a emprunté aux deux systèmes : elle distingue sagement entre les condamnés à des peines afflictives ou infamantes et les condamnés à des peines correctionnelles; il convenait en effet de proportionner la longueur du délai à la gravité de la faute; elle maintient pour les premiers le délai de cinq ans, et le réduit à trois pour les autres (2) : et, comme la loi de 1791, elle décide *pour tous les condamnés* que la demande, si elle est rejetée, pourra être reproduite après un nouveau délai de

____

(1) M. Faustin Hélie, *Revue de législ.*, t. XIX, p. 540.
(2) Art. 620.

deux années (1). Un léger doute, en effet, peut avoir suffi pour faire écarter la demande.

Quel est le point de départ de ces délais? C'est, en général, le jour de la libération. Mais ce point de départ ne pouvait s'appliquer à la dégradation civique et à la surveillance de la haute police prononcées comme peines principales : le délai court au profit des condamnés à la dégradation civique, du jour où la condamnation est devenue irrévocable, ou de l'expiration de la peine d'emprisonnement, si elle a été prononcée; et pour les condamnés à la surveillance, du jour où la condamnation est devenue irrévocable (2). En cas de commutation de peine, le délai partira de la cessation de la nouvelle peine; en cas de grâce, de l'enregistrement des lettres de grâce (3).

Quatrième condition. — Pendant ce temps d'épreuve, la conduite du libéré a besoin d'être observée d'une manière suivie, pour que la société ne soit pas dupe d'un repentir hypocrite ou de courte durée. On devait donc exiger du condamné qui demandait sa réhabilitation, qu'il eût résidé pendant un temps déterminé dans le même lieu, sous les yeux des mêmes personnes : c'était le seul moyen de s'éclairer sur sa vie en s'assurant qu'il avait reconquis dans l'estime de ceux parmi lesquels il avait vécu le rang où il venait demander d'être replacé. Les règles de la réhabilitation se rapprochent en ce point de la surveillance. Le condamné à une peine afflictive ou infamante ne peut être admis à demander sa réhabilitation, s'il n'a résidé dans le même arrondissement

(1) Art. 629.
(2) Art. 620.
(3) Rauter, *Droit criminel.*

depuis cinq années, et pendant les deux dernières dans la même commune; il suffit, pour le condamné à une peine correctionnelle, d'avoir résidé depuis trois ans dans le même arrondissement et depuis deux ans dans la même commune (1). En admettant donc que, depuis sa libération, le condamné n'ait pas changé de résidence, il pourra demander sa réhabilitation au bout de cinq ans, s'il a été frappé d'une peine afflictive ou infamante, au bout de trois, s'il n'a été frappé que d'une peine correctionnelle.

SECTION II.

PROCÉDURE DE LA DEMANDE EN RÉHABILITATION.

Le caractère purement gracieux de la réhabilitation sous l'ancien régime permettait une procédure fort simple. Les lettres accordées, sur la requête de la partie, étaient adressées, suivant les cas, à la cour ou au tribunal qui avaient prononcé, pour y être entérinées. Sous la loi de 1791, le droit de statuer appartenait en réalité aux autorités municipales, dont la justice ne faisait que sanctionner l'avis. La loi actuelle admet, comme le Code d'instruction criminelle, le concours des autorités municipale, judiciaire et politique; le pouvoir administratif donne les renseignements, la justice émet un avis, le chef de l'État prononce.

Instruction administrative. — Le condamné adresse sa demande au procureur impérial de l'arrondissement où il réside, en faisant connaître : 1° la date de sa condamnation; 2° les lieux où il a résidé depuis sa libération,

____

(1) Art. 621.

s'il s'est écoulé depuis cette époque un temps plus long
que le délai strictement nécessaire (1). Le procureur
impérial provoque, par l'intermédiaire du sous-préfet,
des attestations délibérées par les conseils municipaux
des communes où le condamné a résidé (2). Eût-il résidé
dans un grand nombre de communes, les conseils municipaux de toutes ces communes doivent être consultés.
Ils délivrent des attestations faisant connaître : 1° la
durée de la résidence du condamné dans chaque commune, avec indication du jour où elle a commencé et de
celui où elle a fini ; 2° sa conduite pendant la durée de
son séjour ; 3° ses moyens d'existence pendant ce même
temps. Ces attestations doivent contenir la mention expresse qu'elles ont été rédigées pour servir à l'appréciation de la demande en réhabilitation (3). La loi a voulu
sans doute, par cette formalité, appeler spécialement
l'attention des conseils municipaux sur un acte aussi
grave, et prévenir la délivrance d'attestations de complaisance ; c'est aussi pour ce motif qu'elle veut que le
conseil municipal entier soit consulté : « Il faut se défier
» de la légèreté et de la complaisance des maires, » disait
Cambacérès en 1808, au conseil d'État (4).

Instruction judiciaire. — A l'instruction administrative
succède l'instruction judiciaire. Le procureur impérial
prend l'avis des maires des communes et des juges de

(1) I. cr., art. 622.
(2) Art. 624. — Le projet permettait au libéré de provoquer lui-même la
délibération des conseils municipaux ; mais cette démarche d'un condamné pro-
voquant lui-même une délibération sur sa moralité a semblé peu convenable,
et le droit de convoquer le conseil municipal a été transporté par un amendement au ministère public (amendement de MM. O'Quin et Fortoul).
(3) Art. 624.
(4) Locré, t. XXVIII, p. 163.

paix des cantons où le condamné a résidé, ainsi que celui du sous-préfet de l'arrondissement (1); toutes mesures destinées à répandre le plus de jour possible sur la conduite du demandeur, et à éclairer ainsi la décision de la justice. Il se fait délivrer encore une expédition de l'arrêt de condamnation, un extrait des registres des lieux où la peine a été subie, constatant quelle a été la conduite du condamné, et il transmet les pièces, avec son avis, au procureur général de la cour dans le ressort de laquelle le condamné réside (2). Le procureur général dépose les pièces au greffe de la cour, qui se trouve, par ce dépôt, saisie de la demande (3); elle ne peut plus se dispenser de statuer sans commettre un déni de justice: la demande en réhabilitation est, sous ce rapport, un véritable recours judiciaire (4). Dans les deux mois du dépôt, l'affaire est rapportée à la chambre d'accusation; le procureur général donne ses conclusions motivées et par écrit; il peut requérir en tout état de cause, et la cour peut ordonner d'office de nouvelles informations, sans qu'il puisse en résulter un retard de plus de six mois (5). La cour, le procureur général entendu, donne son avis *motivé* (6); elle statue ainsi, sans aucune publicité, dans la chambre du conseil, en dehors même de la présence du demandeur (7) : la loi veut épargner à son repentir l'humiliation d'une publicité qui rappelle son crime, et dans ce but elle a supprimé jusqu'à l'insertion

(1) Art. 624.
(2) Art. 625.
(3) Art. 626.
(4) Ce point, admis par les auteurs sous la loi ancienne (V. M. Rauter), a été formellement reconnu dans la discussion.
(5) Art. 627.
(6) Art. 628.
(7) Rauter, *Dr. crim.*

de la demande dans les journaux, par laquelle la loi ancienne avertissait les tiers ; mais elle a substitué à cette garantie une garantie meilleure encore, en exigeant du demandeur la justification de la satisfaction préalable aux condamnations civiles.

Quel est le caractère de cet acte judiciaire ? C'est un caractère mixte et tout à fait à part. Legraverend le définissait, sous l'ancienne loi : « une espèce d'acte extra-» judiciaire de haute police, exercé en vertu de la loi, » dans une circonstance déterminée par une Cour souve-» raine de justice. » La loi le qualifie *d'avis*, et en effet, ce n'est pas à la cour, c'est au pouvoir exécutif qu'il appartient de prononcer la réhabilitation ; mais la nature de cet avis change suivant le sens où il prononce.

Avis défavorable de la Cour. — S'il est défavorable, on peut dire qu'il a tous les effets d'un véritable arrêt : dans ce cas, en effet, il arrête la procédure ; la demande ne peut être soumise au chef de l'État, et ne peut plus être reproduite avant deux années : en réalité, dans ce cas, la cour statue souverainement. Cette combinaison a eu pour but d'éviter tout conflit entre le pouvoir politique et le pouvoir judiciaire, et surtout d'assurer à la réhabilitation l'assentiment unanime des trois grands pouvoirs de l'État. Comme on le disait dans la discussion, la réhabilitation légale est peu de chose, si la réhabilitation morale ne la précède ou ne la suit ; serait-elle possible en présence des contradictions de la justice et de l'autorité ? Pourrait-elle s'attacher à une réhabilitation que le prince viendrait prononcer après que la justice l'aurait rejetée ? Ce n'est pas trop, pour relever le condamné dans l'estime de ses concitoyens, que la triple et unanime sanction des pouvoirs administratif, judiciaire et politique. Et puis, comme le disait Cambacérès en 1808, « il est utile que, dans ce cas, le prince se lie » par des formes, afin qu'on n'abuse pas de sa clé- » mence. »

La nature particulière de ces actes a fait naître la question de savoir s'ils peuvent être l'objet d'un recours en cassation. La Cour de cassation l'a par deux arrêts résolue négativement (1). Elle se fonde sur « la nature » toute spéciale » de ces décisions, sur la qualification d'*avis* que leur donne la loi, et qu'elles conservent qu'il s'agisse d'une décision favorable ou contraire au succès de la demande. Si la partie avait le droit de se pour- voir, le ministère public l'aurait également ; or il est évident que cette voie ne lui est pas ouverte, puisqu'il doit adresser les pièces dans le plus bref délai au ministre de la justice. La loi d'ailleurs n'a, dans aucune des dis- positions où elle traite des recours en cassation, parlé des pourvois en matière de réhabilitation : ce ne sont que des avis, remis en quelque sorte au pouvoir discré- tionnaire des magistrats, et qui n'ayant ni le caractère ni la dénomination d'arrêts, ne peuvent dès lors donner ouverture à cassation, quand même ils seraient motivés sur des raisons de droit. Ce sont des décisions « d'une » nature toute spéciale, » et qui échappent au recours en cassation par cette nature même.

Mais ces avis pourraient certainement, en vertu de l'art. 441 (I. Cr.), être dénoncés à la Cour de cassation par le procureur général, sur l'ordre du garde des sceaux, comme actes judiciaires contraires à la loi.

(1) Cass. 1ᵉʳ septembre 1853 (Sirey, vol. 1854, 1, 60), et 21 avril 1855 (Sirey, 1855, 1, 473).

Avis favorable. — Si l'avis de la Cour est favorable, il est avec les pièces produites et dans le plus bref délai transmis par le procureur général au ministre de la justice (1). Celui-ci peut, s'il n'est pas suffisamment éclairé, consulter la Cour ou le tribunal qui a prononcé la condamnation ; puis il fait son rapport au chef de l'État qui statue (2).

Décision du chef de l'État. — C'est donc au chef de l'État qu'il appartient, en définitive, de prononcer ; il n'est nullement lié par l'avis de la Cour, et peut rejeter la demande à laquelle cet avis était favorable (3). On soutenait même, sous l'ancienne loi, qu'il n'était tenu de prononcer en aucun sens, et que l'avis favorable de la Cour n'avait pas même pour effet d'entraîner nécessairement une décision quelconque ; seulement, le ministre de la justice était tenu de faire un rapport. L'art. 630 se bornait en effet à dire : « Il en sera fait rapport à Sa Majesté » par le ministre de la justice. » Le nouvel article porte au contraire : « *L'empereur statue* sur le rapport du ministre de la justice. » Le chef de l'État est donc maintenant tenu de statuer, heureuse innovation que nécessitait d'ailleurs le caractère de justice qu'on voulait imprimer à la réhabilitation.

Lettres de réhabilitation. — Si la demande est admise, des lettres de réhabilitation sont expédiées à la Cour qui a délibéré l'avis. Une copie authentique en est adressée à la Cour ou au tribunal qui a prononcé la condamnation : elles doivent être transcrites en marge de la minute

(1) Art. 630.
(2) Art. 631.
(3) En 1856, sur soixante-quatre demandes admises par les Cours, cinq ont été rejetées.

de l'arrêt ou du jugement de condamnation (1). Il est d'ailleurs d'usage de suivre pour leur entérinement les formalités prescrites pour l'enregistrement des lettres de grâce. Les Cours seules peuvent les entériner. L'entérinement se fait en audience solennelle (2). Un arrêt a décidé que les lettres de réhabilitation adressées à une Cour ne peuvent être entérinées que par toutes les chambres réunies de cette Cour (3).

Telle est la procédure actuelle : elle fait, on le voit, de la réhabilitation un acte d'administration, de justice et de souveraineté à la fois ; car c'est au chef de l'État qu'il appartient en définitive de prononcer. La réhabilitation touche, en ce point, à deux institutions auxquelles plus d'une fois déjà nous avons eu occasion de la comparer, la grâce et l'amnistie. La grâce a toujours été, sauf pendant la révolution, l'attribut incontesté du pouvoir exécutif. Le sénatus-consulte constitutionnel du 25 février 1852 attribue également à ce pouvoir le droit d'amnistie. La grâce, la réhabilitation, l'amnistie, se réunissent donc encore aujourd'hui dans la prérogative du chef de l'État : mais, nées de principes différents, et poursuivant des objets divers, elles n'en demeurent pas moins profondément séparées ; elles se distinguent déjà nettement par la procédure : tandis que la réhabilitation est entourée de formes protectrices qui garantissent les intérêts de la société et des tiers contre les abus et les surprises de la clémence du prince, la grâce et l'amnistie sont entièrement spontanées : pour elles, la clémence n'a point été « régularisée. » Elles ne diffèrent pas moins

(1) Art. 632, 633.
(2) Décret du 6 juill. 1810, art. 20.
(3) Poitiers, 28 novembre 1828.

par le caractère : la grâce et l'amnistie surtout sont plus politiques, la réhabilitation plus judiciaire : celle-ci est avant tout œuvre de justice ; les autres sont plutôt des actes de clémence ou même de gouvernement.

La réhabilitation peut-elle être instantanée ? — C'est ici le lieu de nous demander si l'avis du 8 janvier 1823 est encore applicable, ou si l'empereur pourrait aujourd'hui, par une disposition expresse insérée dans des lettres de grâce, réhabiliter un condamné ; en d'autres termes, si, outre la réhabilitation de justice que nous venons d'étudier, il existe encore une réhabilitation gracieuse et spontanée, affranchie des conditions et des formalités de la réhabilitation ordinaire. Aujourd'hui encore, assure-t-on, la chancellerie revendique cette prérogative pour les cas où une incapacité a été prononcée comme peine principale, comme équivalent du droit de grâce dont, sans cela, l'empereur se trouverait alors privé, et pour les cas où la loi serait en défaut, par exemple au cas d'innocence reconnue. L'innocent qu'on arrache à une peine injuste doit-il, en effet, demeurer sous le coup d'injustes incapacités ?

Autrefois, et jusqu'à l'avis du 8 janvier 1823, on ne contestait pas ce droit au pouvoir exécutif. Cet avis, nous l'avons vu, le lui dénia formellement. « Considé-
» rant, disait-il, que la prérogative royale ne s'étend pas
» jusqu'à dispenser les citoyens des obligations qui leur
» sont imposées en vertu des lois maintenues par la
» charte, et dont ils ne pourraient être relevés que par
» la puissance législative ; » le conseil d'État est d'avis :
« que les lettres de grâce accordées après l'exécution
» du jugement ne peuvent contenir aucune clause qui
» dispense des formalités prescrites par le Code d'in-

» struction criminelle pour la réhabilitation. » La doctrine de cet avis ne rallia pas l'opinion de tous les auteurs ; Merlin surtout le combattit vivement, et soutint, contrairement aux solutions qu'il donnait, non-seulement que le roi pouvait par une clause expresse insérée dans des lettres de grâce, réhabiliter un condamné, mais que, même sans cette clause, ces lettres, quand elles remettaient entièrement la peine, réhabilitaient virtuellement.

Sur ce second point, l'opinion de Merlin devint insoutenable après la révision de 1832 devant la nouvelle rédaction de l'art. 619 (Cod. inst. crim.), où le condamné qui avait subi sa peine et celui qui avait obtenu des lettres de grâce étaient mis sur la même ligne. Puisque le condamné gracié pouvait, comme le condamné libéré, aspirer à la réhabilitation, il n'était donc pas réhabilité par la grâce même. Aussi la jurisprudence, qui s'était déjà prononcée contre cette doctrine avant 1832 (1), refusa-t-elle unanimement depuis aux lettres de grâce la vertu de réhabiliter le condamné (2). La plupart des auteurs reconnurent également que cette question ne pouvait plus souffrir aucun doute (3). S'il avait pu en rester un, il serait certainement levé par la distinction si nettement tracée entre la réhabilitation et la grâce, dans les travaux préparatoires de la loi nouvelle.

Mais la solution de cette première question n'entraîne pas la décision de la seconde ; de ce que les lettres de grâce bornées à la remise de la peine n'ont pas pour

(1) Cass., 6 juill. 1826.

(2) Rouen, 23 avr. 1845 ; Montpellier, 17 août 1847 ; Nîmes, 11 janvier 1848 ; Cass., 10 avril 1849.

(3) Devilleneuve, P. T. 46, 2, 423, note. — Coin-Delisle, *Jouissance et priv. des dr. civ. sur l'art.* 32. — Trolley, *Dr. adm.*, t. I, n°⁵ 109 et suiv.

effet de réhabiliter virtuellement, il ne s'ensuit pas qu'une clause expresse de réhabilitation insérée dans ces lettres ne puisse produire cet effet. Voyons donc quels arguments on apporte à l'appui de cette opinion.

Le droit ancien, dit-on, ne connaissait point de bornes à la clémence royale : la grâce y recevait son étendue de la volonté du prince ; elle comprenait non-seulement le pouvoir de remettre la peine, mais celui d'arrêter la poursuite, d'effacer même la condamnation et de rétablir le condamné dans ses droits. Aboli par la loi de 1791, qui ne reconnaissait plus qu'à la réhabilitation le pouvoir de faire cesser les incapacités résultant des peines, ce droit fut rétabli par le sénatus-consulte du 16 thermidor an X, qui rendit au chef de l'État d'une manière absolue « *le droit de faire grâce;* » ne dut-il pas l'être, et la généralité des termes le prouve, avec toute l'étendue qu'il avait avant la révolution, sauf les applications qui pouvaient en être devenues inutiles? Le Code d'instruction criminelle de 1808, modifiant la loi de 1791, sur la réhabilitation, attribua le droit de la prononcer au chef de l'État, qui se trouva investi à la fois du droit de gracier et du droit de réhabiliter. La réhabilitation organisée par le Code était soumise à des conditions et à des formalités, et tenait moins de la grâce que de la justice. Était-ce à dire que l'empereur ne pouvait réhabiliter indépendamment de ces formalités? Nullement, puisque le sénatus-consulte de thermidor lui avait rendu sans réserve le droit de faire grâce. Il y avait là deux droits parallèles, deux réhabilitations distinctes : la réhabilitation de justice et la réhabilitation gracieuse; et celle-ci était nécessaire pour les condamnés frappés de mort civile, puisqu'aux termes du Code, la peine devant avoir été subie, aucun condamné à une peine perpétuelle ne pouvoit jamais obtenir la réhabilitation de justice. L'empereur se regarda si bien comme investi du droit de faire grâce dans toute son étendue, qu'il accorda fréquemment des amnisties, contre lesquelles aucune réclamation ne s'éleva, et dont les tribunaux reconnurent implicitement la légalité. La charte de 1814 ne changea rien à ce système ; en même temps qu'elle sanctionnait les Codes promulgués sous l'empire, elle maintenait au profit du souverain « le droit de faire » grâce et de commuer les peines (1). Ces termes, en plaçant l'espèce à côté du genre semblaient, il est vrai, impliquer une certaine restriction : mais la royauté des Bourbons n'en usa pas moins plus largement encore que l'empire, et sans plus de réclamation du droit d'amnistie, se considérant toujours comme en possession de la plénitude du droit de grâce. L'avis du 8 janvier fut regardé comme « borné aux cas ordinaires ; » et même depuis, le roi accorda quelquefois des lettres de réhabilitation avant l'expiration des délais prescrits par la loi (2). La charte de 1830 reproduisit exactement l'art. 67 de la charte de 1814, et la royauté nouvelle usa du droit d'amnistie comme les pouvoirs précédents. La constitution de 1848 séparait, il est vrai, le droit d'amnistie et le droit de grâce ; mais le sénatus-consulte organique du 22 janvier 1852 a remis ces deux droits sur la même ligne en accordant à l'empereur « le droit de faire grâce » et d'accorder des amnisties (3). » Or, disait Merlin,

(1) Charte de 1814, art. 67.

(2) Le fait est attesté par M. Legraverend, alors directeur des grâces au ministère de la justice.

(3) Sén.-cons. du 22 janvier 1852, art. 1.

« dès que le droit de faire grâce renferme le droit d'ac-
» corder amnistie, il faut de toute nécessité qu'il ren-
» ferme aussi le droit de faire cesser les incapacités
» résultant des condamnations (1). »

Des deux arguments que présente ce système, l'un tiré de l'histoire du droit de grâce, l'autre de la nature même de ce droit, aucun ne nous paraît fondé.

Et d'abord, l'argument historique? Est-il vrai que le droit de grâce rétabli en l'an X, et maintenu depuis sans modification par toutes les constitutions, l'ait été sans réserve et dans toute l'étendue qu'il avait avant la révolution? Remarquons d'abord que la loi de 1791 distinguait soigneusement les droits qu'elle entendait abolir, et n'avait pas cru qu'il suffit de cette formule générale « le droit de grâce est aboli » pour renverser tous les droits de l'ancienne prérogative royale. Le mot *grâce*, s'il avait quelquefois dans notre ancien droit un sens général, avait le plus souvent un sens spécial, et nous savons qu'on y distinguait avec soin la grâce simple de la réhabilitation. Aussi le législateur de 1791 précisa-t-il en disant : « L'usage de tous actes tendant à empêcher ou sus-
» pendre l'exercice de la justice criminelle; l'usage des
» lettres de grâce, de rémission, de pardon, d'abolition,
» de commutation de peine sont abolis pour tout crime
» poursuivi par voie de jurés (2). » De ces différents droits nominativement abolis, un seul, le droit de grâce, fut rendu au pouvoir exécutif par le sénatus-consulte de

(1) En ce sens, outre Merlin, *Quest. de dr.*, v° *Grâce*, et *Répert.*, v° *Mort civile*, V. Coin-Delisle, *Jouissance et priv. des dr. civ. sur l'art. 32.* — Morin, *Dict. de dr. cr.*, v° *Grâce.* — Legraverend, *Lég. cr.* — Toullier, I, n° 201. — Duranton, I, n° 240. — Proudhon, *Usufr.*, n°° 2121 et suiv.

(2) C. pén. de 1791, 1re partie, tit. 7, art. 13.

thermidor. Le mot *grâce*, dit-on, avait ici un tout autre sens que dans la loi de 1791, un sens général comprenant toute la prérogative de l'ancienne royauté. Soit, mais alors tout le cortége de cette prérogative, les lettres de rémission, de pardon, d'abolition étaient donc aussi rétablies ; ou si elles ne l'étaient pas, c'est donc qu'elles étaient devenues inutiles ou incompatibles avec les institutions nouvelles. En était-il autrement de la réhabilitation ? La révolution lui avait imprimé un nouveau caractère : la loi de 1791 avait eu précisément pour but de la distinguer de la grâce avec laquelle elle était demeurée trop longtemps confondue, de l'enlever à l'arbitraire pour l'entourer des formes protectrices de la justice, de garanties plus sérieuses pour la société que le caprice du prince ; elle en avait consacré le vrai principe, et en la séparant de la grâce, elle l'avait pour ainsi dire restituée à sa nature. La réhabilitation était entrée désormais dans le domaine de la justice ; et de même que les lettres d'abolition, que la procédure bizarre des lettres de pardon et de rémission ne pouvaient être ressuscitées, parce que les pouvoirs du jury lui permettaient de faire dans tous les cas justice à l'accusé, parce que le chef de l'État ne devait plus avoir le droit exorbitant d'entraver le cours de la justice ; les lettres de réhabilitation ne pouvaient pas plus l'être, parce qu'il n'avait pas davantage le droit de réhabiliter en dehors des garanties nécessaires à la société, et de substituer sa clémence à la justice. Le Code d'instruction criminelle, en modifiant la loi de 1791, en maintint du moins les principes essentiels ; s'il crut devoir conférer au chef de l'État le droit de prononcer la réhabilitation, ce ne fut pas pour lui enlever le caractère d'un acte de justice, mais pour la faire mieux accepter ; il conserva toutes les garanties dont la Constituante l'avait entourée ; pas une allusion ne fut faite dans la discussion à cette autre réhabilitation prétendue, émanant spontanément du prince. Ce fut toujours dans le sens restreint qu'on entendit le droit de grâce rendu par le sénatus-consulte de l'an X au chef de l'État, et en lui conférant le droit de prononcer la réhabilitation, on voulut lui attribuer un pouvoir qu'il n'avait pas. La réhabilitation y fut nettement distinguée de la grâce, et telle qu'elle était organisée par le Code, nos adversaires euxmêmes le reconnaissent, elle « tenait plus de la justice » que de la grâce, parce que la loi conférait au condamné » le droit précis de la demander (1). » C'était donc avec raison que l'avis de 1823 refusait à la royauté le droit de réhabilitation gracieuse, et se fondant sur la différence essentielle de la réhabilitation et de la grâce, proclamait que la grâce dérive de la clémence du prince, et la réhabilitation de sa justice.

Il y avait sans doute, dans cette législation, une fâcheuse lacune, ou plutôt une fâcheuse incertitude que la loi d'ailleurs ne tarda pas à dissiper. Le Code de 1808 exigeait, comme condition préalable de la réhabilitation, que la peine eût été subie, et ne parlait pas du cas où la grâce serait intervenue, d'où l'on avait conclu que les condamnés à des peines perpétuelles ne pouvaient être réhabilités. La révision de 1832 vint combler cette lacune ; c'était en quelque sorte reconnaître implicitement que la réhabilitation directe n'était pas dans les pouvoirs de la royauté ; elle apporta de plus un argument puissant à notre système, en assimilant sans distinction, dans

(1) M. Coin-Delisle.

l'art. 619, la peine remise par la grâce à la peine subie.
Si le système contraire était vrai, n'eût-on pas soigneusement distingué entre le cas où le pouvoir exécutif aurait donné à la grâce l'effet de réhabiliter, et celui où il
l'aurait bornée à la remise de la peine? Non-seulement
la loi de 1852 a maintenu la rédaction ancienne de
l'art. 619 et l'assimilation de la grâce à la peine subie,
mais on a formellement reconnu dans les travaux qui
l'ont préparée la distinction de la réhabilitation et de la
grâce, on en a nettement déterminé le domaine respectif.
Confondre la réhabilitation et la grâce, disait-on, c'est
faire une confusion monstrueuse en droit pénal : l'une est
un acte de clémence, l'autre un acte de justice; l'une
n'a d'action que sur la peine, l'autre efface les incapacités; distinction qui exclut évidemment l'opinion que
nous combattons.

Quant à l'argument de principe, nous le répudions
également; nous ne croyons pas, en effet, que le droit
d'amnistie dérive du droit de grâce; c'est un droit d'une
nature toute différente, bien plus politique que judiciaire,
et qui se rattache moins au droit de grâce qu'au droit
d'administration de l'État. Quelques-uns de nos adversaires même l'ont reconnu : « Ces amnisties, dit M. Coin-
» Delisle en parlant des amnisties accordées après 1814,
» procédaient moins du droit de faire grâce que du droit
» d'administration du royaume; car empêcher des pour-
» suites contre des coupables trop nombreux, c'est faire
» un acte utile au bien général, plus qu'épargner des
» particuliers (1). » Ces deux droits dérivent si peu l'un
de l'autre, qu'ils se distinguent, à notre avis, dans leur

____

(1) *Jouiss. et priv. des dr. civ. sur l'art.* 32 *C. civ.*

principe comme dans leur objet : à plus forte raison l'amnistie n'a-t-elle rien de commun avec la réhabilitation; ce sont là deux droits absolument distincts dans leur source, et pour lesquels il est impossible de raisonner de l'un à l'autre. Que conclure donc, quant à notre question, de ce que la constitution actuelle met sur la même ligne le droit de grâce et le droit d'amnistie et les confère à l'empereur dans une même disposition ? Rien absolument. Il n'est pas au pouvoir de la loi de changer la nature des choses; elle a pu juxtaposer ces deux droits; elle n'a pu les confondre; elle a dit que l'empereur aurait le droit de faire grâce et d'accorder des amnisties; elle n'a pu dire que le droit d'amnistie était une partie du droit de grâce. Cet article de la constitution avait un tout autre but : c'était de conférer expressément le droit d'amnistie au pouvoir exécutif, afin de prévenir les doutes qui auraient pu s'élever sur ce point.

La loi de 1852, d'ailleurs, par son esprit comme par son texte, réfute clairement cette opinion. L'art. 620 étend la réhabilitation à la dégradation civique et à la surveillance même prononcées comme peines principales : et il a été entendu dans la discussion que si, dans ce cas, la réhabilitation leur était appliquée, c'est qu'on ne pouvait distinguer entre le cas où elles sont prononcées principalement et celui où elles ne sont que l'accessoire d'une peine, et qu'elles échappent dans tous les cas, par leur nature d'incapacités, à l'action de la grâce. Comment concilier les prétentions de la chancellerie avec un texte aussi positif, avec des explications aussi formelles ?

A ces considérations déjà bien suffisantes, la loi du 31 mai 1854, abolitive de la mort civile, ajoute un argument qui nous paraît sans réplique. Cette loi a, dans son art. 3, créé à l'égard des condamnés à des peines afflictives perpétuelles une nouvelle incapacité indéfinie, celle de disposer et de recevoir à titre gratuit ; et dans son art. 4, elle déclare que « le gouvernement pourra en relever le » condamné en tout ou en partie. » Si l'on a cru nécessaire de conférer formellement ce droit au chef de l'État, c'est donc qu'il ne l'avait pas ; il se trouve à la vérité investi par cet article d'un pouvoir de réhabilitation partielle; mais on a reconnu que ce n'était là qu'une exception qui confirme la règle : « Cette incapacité résultant » d'une condamnation judiciaire, disait l'exposé des motifs, ne pouvait en principe être relevée que par la » réhabilitation..... La réhabilitation est environnée de » formes, de longs délais et de conditions qui, malgré un » repentir sincère et profond, peuvent en enlever le bénéfice au libéré ; et ce repentir peut présenter d'assez » sérieuses garanties pour donner au gouvernement la » certitude que le condamné n'userait de cette capacité » que dans des vues morales et dignes d'approbation. » Nous vous demandons donc de laisser au pouvoir exécutif la faculté de relever le condamné des interdictions » que l'art. 3 prononce contre lui (1). » Et M. Richer, dans le rapport fait au nom de la commission, a dit d'une manière plus explicite encore : « Les incapacités » dictées par l'art. 3 ont la permanence des déchéances » que comprend la dégradation civique, et ne sont pas » effacées par la cessation de la peine principale, mais » seulement par la réhabilitation. Mais, *sans qu'il y ait* » *réhabilitation*, le premier alinéa de l'art. 4 autorise le » gouvernement à lever la prohibition de disposer ou

____

(1) Exposé des motifs de la loi du 31 mai 1854 (Dalloz, P. 1854, 4, p. 91).

» celle de recevoir : *ce sera dans des cas très-exceptionnels*
» *sans doute*, un moyen de corriger ce que l'art. 3 pour-
» rait avoir de trop absolu (1). » Ce n'est donc là qu'un
droit tout à fait exceptionnel, auquel on n'ose pas même
donner le nom de droit de réhabilitation ; un pareil acte du
pouvoir n'aura nullement pour effet de réhabiliter le
condamné, mais seulement de lui rendre par humanité,
et comme pour encourager son repentir, certains droits
particulièrement importants. Pour toutes les autres incapacités et dans tous les cas où il ne s'agirait point,
comme ici, d'un condamné à une peine afflictive perpétuelle, il faudrait avoir recours à la réhabilitation ordinaire. Peut-être même le gouvernement pourrait-il révoquer la concession faite en vertu de la loi de 1854, tandis
que la réhabilitation est naturellement irrévocable. Il résulte donc évidemment et du texte et de l'esprit de cette
loi, aussi bien que de l'esprit des lois antérieures sur la réhabilitation et particulièrement de la loi du 6 juillet 1852,
que la réhabilitation *de justice* profondément distincte de
la grâce par son principe, son caractère et ses effets, est
l'unique moyen légal d'effacer les incapacités résultant
des condamnations. C'est par exception seulement que le
pouvoir exécutif a, dans certains cas, le droit d'en relever le condamné sous forme gracieuse. La loi a vu dans
les incapacités des garanties sociales qui ne pouvaient
être supprimées que par la justice. Qu'il soit utile que le
chef de l'État puisse effacer spontanément ces incapacités, cela se peut ; mais un pareil droit ne pourrait lui
être attribué que par une disposition expresse de la loi,
et ce serait une extension du droit de grâce, plutôt qu'un

(1) Rapport fait au nom de la commission par M. Richer (D., *Ibid.*, 1854,
p. 90).

droit de réhabilitation véritable : « Le gracié, en faveur
» duquel le souverain userait ainsi de son pouvoir de la
» manière la plus large, ne se trouverait pas dans l'hypo-
» thèse d'une réhabilitation proprement dite ; il n'aurait
» pas effacé le souvenir de son crime, et ne serait toujours,
» aux yeux du monde, qu'un coupable que la clémence
» du pouvoir a couvert de sa protection, tandis que le
» réhabilité sera considéré comme ayant repris lui-même
» et par sa conduite exemplaire un rang que ses fautes
» passées lui avaient fait perdre, comme s'étant fait ren-
» dre justice après une justification solennelle de son re-
» tour à la vertu (1). »

Si la grâce, la réhabilitation et l'amnistie se rencon-
trent encore aux mains du même pouvoir, le domaine
respectif en est aujourd'hui parfaitement déterminé, et
comme elles ont des principes et des buts divers, elles ont
aussi des effets différents.

SECTION III.

EFFETS DE LA RÉHABILITATION COMPARÉS A CEUX DE LA GRACE
ET DE L'AMNISTIE.

Ceci nous conduit à étudier les effets de la réhabilitation dont nous rapprocherons brièvement les effets de la
grâce et de l'amnistie. Ce travail difficile ne saurait

(1) Dalloz, *Rép.*, v° *Dr. civ.*, n° 757. — V. dans ce sens sous l'empire,
toutefois, de l'ancien texte du Code, et par conséquent avant la constitution de
1852 et la loi du 31 mai 1854, Favard, *Répert.*, v° *Réhabil.* — MM. Demolombe, I, p. 270, 280. — Foucart, *Dr. adm.*, I, p. 108. — Trolley, *Dr. adm.*,
n° 109 et suiv. — Dalloz, *Rép.*, v° *Grâce*, n° 51, et v° *Dr. civ.*, n° 757. —
Chauveau et Hélie, 2ᵉ édit., t. I, p. 328. — Le Sellyer, *Dr. crim.*, n° 2141
et suiv. — Valette sur Proudhon, I, p. 134, note. — Rauter, *Dr. crim.*,
n° 862.

guère se faire qu'en s'inspirant des principes de la matière et de la doctrine des arrêts. La plupart des arrêts
sont, il est vrai, antérieurs à la loi nouvelle sur la réhabilitation et relatifs à une incapacité aujourd'hui supprimée, à la mort civile : nous avons cru néanmoins pouvoir
nous en servir et les invoquer ici, parce que la loi de 1852
n'a pas modifié les principes, et que la doctrine qu'ils
consacrent est applicable à toutes les incapacités.

§ I. Effets sur les incapacités.

1° *Réhabilitation.* — La réhabilitation avait, ou du
moins prétendait avoir, dans l'ancien droit, le double effet d'effacer l'infamie et de relever des incapacités. Le
premier de ces effets n'existe plus ; la loi ne peut pas plus
commander l'estime que l'infamie ; de même que les peines infamantes sont illusoires, quand à l'infamie de la loi
ne se joint pas l'infamie de l'opinion, qu'elles discrédi-
tent même la loi quand l'opinion prononce autrement
qu'elle ; de même la loi serait impuissante à rendre au
réhabilité une estime qu'il n'aurait pas su reconquérir.
En ce sens, ce n'est pas la loi qui réhabilite ; on se réhabilite soi-même : la loi n'a d'action *légitime et possible* que
sur les incapacités.

Aussi n'a-t-elle aujourd'hui d'autre objet que de les
effacer : « Elle n'a plus, comme nos premières ordon-
» nances, la prétention d'imposer la bonne renommée ;
» elle cherche seulement à la gagner au réhabilité (1) »
par les sérieuses garanties dont elle entoure sa réhabilitation. Elle n'a plus même, comme la loi de 1791 qui
réhabilitait publiquement et solennellement le citoyen

(1) Exposé des motifs.

qu'elle dégradait avec la même solennité, l'effet d'effacer
« la tache du crime (1). » Il n'y a donc plus aujourd'hui
de réhabilitations de la mémoire : elles seraient sans objet ; pour les rendre possibles il faudrait, comme on l'a
dit dans la discussion, « rendre la vie au mort ; » autrement elles se confondraient avec la révision, c'est-à-
dire avec une institution qui diffère essentiellement de
la réhabilitation, et par son but et par son caractère (2).

Sous l'ordonnance de 1670, la réhabilitation, outre
qu'elle effaçait l'infamie, « rendait le condamné capable
» et habile à faire les fonctions d'officier public, comme
» auparavant la condamnation (3). » La loi de 1791 lui
avait attribué la vertu de faire cesser dans la personne
du condamné, non-seulement toutes les incapacités, mais
tous les effets de la sentence (4). La loi actuelle, comme
le Code de 1808, emploie des termes moins étendus :
« La réhabilitation, dit l'art. 634, fait cesser pour l'ave-
» nir, dans la personne du condamné, toutes les inca-
» pacités qui résultaient de la condamnation. »

Recherchons donc brièvement quelles incapacités peuvent frapper le condamné, et voyons quel est, à leur
égard, l'effet de la réhabilitation. Autrefois, et avant la
loi du 31 mai 1854, la plus grave de ces incapacités
était la *mort civile* attachée, d'après le Code de 1810, à
la mort naturelle, aux travaux forcés à perpétuité et à la
déportation, et depuis la loi du 8 juin 1850 (5), aux deux

(1) C. pén. de 1791, 1re partie, tit. 7, art. 7.
(2) *Moniteur* du 4 mai 1852.
(3) Rousseaud de la Combe.
(4) C. pén. de 1791, tit. 7, art. 10.
(5) Art. 3.

premières seulement de ces peines. Elle n'était encourue que par l'exécution (1). La grâce, quand elle prévenait l'exécution, prévenait donc aussi la mort civile et rendait la réhabilitation inutile (2). Une fois encourue par l'exécution, elle ne pouvait plus être effacée que par la réhabilitation; ce qui, pour le condamné à mort supposait nécessairement la commutation de la peine de mort, en une autre peine emportant également mort civile.

La loi du 31 mai 1854 a, en abolissant la mort civile, attaché aux condamnations à des peines afflictives perpétuelles la dégradation civique et l'incapacité de disposer et de recevoir à titre gratuit, si ce n'est pour cause d'aliments (3). Cette dernière déchéance était un des effets de la mort civile que la loi a cru devoir consacrer de nouveau et dont elle a fait une incapacité spéciale. La dégradation civique, organisée dans l'art. 34 du Code pénal, n'est qu'une collection d'incapacités fort diverses qui comprennent une déchéance complète *des droits politiques;* la perte de plusieurs *droits publics,* tels que ceux de service dans l'armée ou dans la garde nationale, de port d'armes, de témoignage, d'enseignement; enfin la perte de certains *droits de famille* qui ont un caractère particulier et se réfèrent à la protection due aux incapables, droits d'être tuteur, curateur, membre d'un conseil de famille : telles sont les incapacités qui résultent aujourd'hui des peines criminelles. La dégradation civique peut aussi être prononcée comme peine principale, et la loi y a, par extension, appliqué la réhabilitation, même dans ce cas.

(1) C. civ., art. 26.
(2) Avis du conseil d'État du 8 janvier 1823.
(3) Loi du 31 mai 1854, art. 2 et 3.

Nous ne parlons pas de l'interdiction légale (1) : elle n'a en effet d'autre durée que la peine et cesse avec elle, qu'elle ait été subie en entier ou remise par la grâce ; la réhabilitation y est donc tout à fait étrangère.

Mais la réhabilitation s'applique, depuis la loi nouvelle, aux incapacités attachées aux condamnations correctionnelles, soit à l'interdiction totale ou partielle, perpétuelle ou temporaire de certains droits civiques, civils et de famille prononcée par les tribunaux jugeant correctionnellement, suivant les art. 42 et 43 C. pén. ; soit aux incapacités particulières résultant des lois spéciales, et dont les principales sont les incapacités *perpétuelles*, de se présenter à la Bourse, d'exercer les fonctions d'agent de change ou de courtier, de voter dans les assemblées tenues pour l'élection des commerçants ou des prud'hommes, et d'être élu pour aucune de ces fonctions (2) ; de servir dans l'armée (3), de faire partie de la garde nationale (4), de tenir école publique ou libre ou d'y être employé (5) ; enfin les incapacités tantôt perpétuelles, tantôt temporaires, à raison de la gravité de la peine ou du genre du délit, d'être électeur ou éligible (6), de concourir à la formation du jury (7), auxquelles on peut ajouter l'incapacité relative qui frappe le condamné à une peine correctionnelle pour vol, et permet de le reprocher comme témoin (8).

----

(1) Art. 3 de la loi du 31 mai 1854. — C. pén., art. 20.
(2) L. du 28 avril 1816 sur les douanes, art. 53.
(3) L. des 21-23 mars 1832, art. 2, § 2, et art. 20, § 3.
(4) L. du 13 juin 1831, art. 9.
(5) L. du 15 mars 1850, art. 20.
(6) Décret organique des 2-21 février 1852, art. 15 et 16.
(7) L. des 4-10 juin 1853, art. 2, du 1° au 13°. — C. Inst. crim. 300 et 308.
(8) C. procéd., art. 283.

Nous pensons que la réhabilitation efface également, malgré la forme spéciale et solennelle dont elle est revêtue, la dégradation militaire organisée par le nouveau Code militaire et les diverses incapacités qu'elle entraîne (1). On a déclaré, en effet, dans les travaux préparatoires de ce Code, qu'elle était pour les militaires l'équivalent de la dégradation civique (2).

La surveillance de la haute police, commune aux matières correctionnelles et criminelles comme peine accessoire, mais qui peut être aussi peine principale, a été considérée par la loi nouvelle comme étant, dans tous les cas, du domaine de la réhabilitation.

Elle relèverait encore des déchéances prononcées en vertu de l'art. 4 de la loi de sûreté générale du 27 février 1858, et même de l'incapacité édictée par les art. 5 et 6, malgré sa nature particulière, et bien qu'elle ne soit pas une conséquence immédiate de la condamnation. L'esprit de la loi a été en effet d'étendre la réhabilitation à toutes les incapacités : or c'est bien là une déchéance des droits de liberté individuelle; on la comparait, dans la discussion, à la surveillance, et nous pensons que, comme toutes les autres incapacités, elle doit tomber devant la réhabilitation obtenue (3).

Quant à la disposition de l'art. 7 de cette même loi, elle nous semble tout à fait en dehors des principes de la pénalité.

Toutes ces incapacités sont également effacées par la réhabilitation, sauf les effets qu'elles ont produits, et qui,

(1) C. militaire, art. 188 à 191.
(2) *Sic* M. Victor Foucher, *Commentaire sur le Code de justice militaire.*
(3) Nous ne voyons pas toutefois comment la réhabilitation pourrait être obtenue au cas d'expulsion du territoire.

comme nous le verrons, demeurent maintenus. Le réhabilité recouvre la capacité de disposer et de recevoir à
titre gratuit, les droits politiques, l'aptitude aux fonctions
publiques, les droits de famille dont il était privé. Le
père ou la mère frappés de l'incapacité édictée par
l'art. 335 C. pén., et privés de l'usufruit légal, recouvreraient cet usufruit par la réhabilitation, parce qu'il
n'est que la conséquence d'une qualité personnelle que
la condamnation avait en quelque sorte amoindrie, et
dont la réhabilitation leur rend la plénitude (1).

Toutefois, la réhabilitation n'agit que sur les incapacités qui sont la conséquence directe et immédiate de la
condamnation. Ainsi, on a jugé que l'officier ministériel
destitué par un jugement rendu après sa condamnation
à une peine afflictive ou infamante, est incapable, malgré
sa réhabilitation, d'exercer les droits électoraux, la réhabilitation n'étant relative qu'à l'arrêt de condamnation
et laissant subsister le jugement de destitution et les conséquences légales qu'il a produites. D'après cette décision, l'incapacité qui, d'après le décret organique du
2 février 1852 (2), frappe l'officier ministériel judiciaire-
ment destitué par suite d'une condamnation, a donc,
dans le jugement de destitution, une cause légale toujours subsistante, malgré la réhabilitation (3). Cette décision, toutefois, n'est-elle pas plus subtile que juste? Au
fond, la destitution elle-même n'a-t-elle pas sa cause
dans la condamnation? N'est-ce pas dans la condamnation que se trouve le principe de l'incapacité? n'est-elle
pas contraire en tout cas à l'esprit de la loi? La loi n'a

(1) Proudhon, *Usufruit*, 2021.
(2) Art. 13, § 8.
(3) Cass., 31 mars 1851 (D. 1851, 1, 110).

pu vouloir frapper l'officier ministériel condamné pour faux ou abus de confiance, d'une incapacité *nécessairement perpétuelle*, et lui interdire une réhabilitation qu'elle ne refuse pas aux plus grands coupables.

Il importe également de remarquer que la réhabilitation accordée au banqueroutier frauduleux le libérera des incapacités civiles et politiques, mais non des incapacités commerciales : il y a, pour lui, deux ordres d'incapacités superposées : « ce sera un condamné réhabilité, ce » ne sera pas un commerçant réhabilité. »

Remarquons enfin que la réhabilitation n'a d'action légale que sur les incapacités : elle serait donc sans influence sur *l'indignité* prononcé par l'art. 627 C. civ.; il y en a d'ailleurs une autre raison ; c'est que, s'il en était autrement, elle enlèverait aux parents le droit qu'ils ont acquis, par le fait seul de la condamnation, d'opposer à l'héritier son indignité de succéder.

La réhabilitation n'a trait qu'à l'avenir : elle n'a pas, comme dans certains cas la *restitutio in integrum* à Rome, d'effet rétroactif, et ne replace pas celui qui l'obtient dans le même état que s'il n'eût point été condamné. Elle laisse subsister l'effet des incapacités qui ont pesé sur lui depuis sa libération et ne les lève qu'à l'avenir. A quel moment cet effet est-il produit ? Les lettres de réhabilitation étant publiées sous forme de décrets, l'avis du 2 prairial au XIII est généralement considéré comme résolvant la question : « Les décrets non insérés au Bulletin, » ou qui n'y sont indiqués que par leur titre, sont obli- » gatoires du jour qu'il en est donné connaissance aux » parties qu'ils concernent par publication, affiche, no- » tification ou signification, ou envois que font ou or- » donnent les fonctionnaires publics chargés de l'exécu-

» tion. » N'a-t-il pas été plutôt dans l'intention de la loi
de ne leur donner effet que du moment de leur enregistrement par la cour? Ne serait-ce pas là, en tout cas, un
point de départ bien plus certain et d'une constatation
plus facile?

2° *Grâce.* — Les incapacités échappent, au contraire, à l'action de la grâce ; elle n'a d'influence que sur
la peine. « Telle est, en réalité, dit l'exposé des motifs,
» la différence qui existe entre la réhabilitation et la
» grâce : l'une agit sur les inflictions matérielles ou sur
» la peine ; l'autre sur les inflictions morales ou les inca-
» pacités (1). » Il était autrefois un cas où la grâce
équivalait à la réhabilitation, ou plutôt la prévenait :
c'était au cas où elle était accordée avant l'éxécution.
Généralisant le principes de l'art. 26 C. civ., l'avis de 1823
décidait que toutes les incapacités n'étaient encourues
que par l'exécution de la sentence : « La grâce accordée
» après l'éxécution, disait-il, diffère sans doute essen-
» tiellement de la réhabilitation, en ce qu'elle ne relève
» pas, comme celle-ci, le condamné des incapacités légales
» qu'il a encourues ; mais nul jugement, en matière
» criminelle, ne pouvant produire d'effet avant l'exécu-
» tion, les incapacités légales ne sont pas encourues
» lorsque la grâce a précédé l'exécution, et par consé-
» quent il ne peut pas y avoir lieu dans ce cas à solli-
» citer des lettres de réhabilitation, puisque la réhabilita-
» tion n'a pour objet que de relever le condamné des
» incapacités légales auxquelles il a été réellement sou-
» mis. » Mais aujourd'hui, la disposition de l'art. 3 de
la loi du 31 mai 1854, qui n'est d'ailleurs que la repro-

____

(1) Exposé des motifs.

duction de l'art. 28 C. pén., quant à la dégradation civique et la consécration des principes logiques en cette matière, doit être considéré comme la règle (1). Les incapacités sont encourues du moment où la condamnation est devenue irrévocable : or, d'autre part, la grâce ne pouvant intervenir valablement que sur une condamnation définitive et exécutoire, il semble impossible que désormais la grâce prévienne les incapacités et les empêche de naître (2).

La grâce, aujourd'hui, n'aura donc, en aucun cas, d'action sur les incapacités, comme on le décidait constamment autrefois, quand, au lieu de précéder l'exécution, elle n'avait fait que la suivre. Ainsi, la Cour de cassation avait décidé, dans ce cas, et cette solution serait aujourd'hui toujours vraie, « que les lettres de » grâce ne délient pas le condamné de l'incapacité » de témoigner en justice qu'il a encourue par sa condamnation (3); » et relativement à la mort civile, les Cours de Rouen, de Montpellier et de Nîmes avaient jugé « que la grâce ne relevait pas à elle seule de la » mort civile, et que dès lors le mort civilement ne pouvait prendre part à une succession qui s'ouvrait postérieurement à l'obtention des lettres de grâce, mais » antérieurement à la réhabilitation (4). » Cette jurisprudence se fondait sur la différence de nature et d'objet qui sépare la réhabilitation de la grâce, et invoquait à l'appui de cette doctrine les art. 619 et 633 du Code d'instruction criminelle. Appelée à son tour à se pronon-

---

(1) M. Ortolan, *Éléments de droit pénal*, n° 1625.
(2) Sauf toutefois pour la dégradation militaire. (V. C. milit., art. 200).
(3) Cass., 6 juillet 1827.
(4) Rouen, 23 avril 1845; Montpellier, 6 mars 1847; Nîmes, 11 janvier 1848.

cer sur cette question, la Cour de cassation la résolut dans le même sens : « Attendu qu'il est incontestable que » les lettres de grâce n'ont jamais eu d'effet que du sou- » verain au condamné, auquel il est fait seulement remise » de la peine ; tandis que les lettres de réhabilitation in- » téressent la société dans le sein de laquelle le gracié est » rétabli avec la plénitude des droits qu'il exerçait avant » la condamnation (1). » Nous l'avons dit plus haut, cette question, vivement débattue autrefois entre les auteurs, ne nous paraît plus pouvoir faire doute, et nous ne pensons pas qu'en présence de l'art. 619 et des termes si formels de l'exposé des motifs de la loi, personne soit désormais tenté d'attribuer à la grâce les effets de la réhabilitation.

3° *Amnistie.* — L'amnistie, au contraire, efface ou prévient les incapacités, et rend ou conserve l'intégrité de la vie civile et politique. Ainsi, il a été jugé que l'in- dividu frappé de mort civile, amnistié, pouvait déposer comme témoin, bien qu'il se trouvât encore soumis à la surveillance (2); que le condamné à une peine perpétuelle remise par une amnistie qui a maintenu la surveillance, conserve l'exercice de ses droits civils ou politiques, notamment de ses droits électoraux (3) : toutefois, elle ne le réintègre pas dans la qualité de membre de la Lé- gion d'honneur, dont il ne peut porter les insignes (4). En vertu même du but particulier qu'elle poursuit, l'ou- bli du passé, et de l'effet rétroactif qui, dans ce but, lui est attribué, elle ne rend pas seulement, comme la

(1) Cass., 10 avril 1849.
(2) Cass., 29 juin 1829.
(3) Trib. de Riom, 22 avril 1841.
(4) Cass., 16 août 1845.

réhabilitation, l'aptitude aux fonctions, elle rend, en quelque sorte, les fonctions mêmes. Ainsi, le conseil d'État a jugé que l'officier condamné pour faits politiques et amnistié doit être replacé dans la situation où il se trouvait au moment des poursuites ; seulement, l'activité ayant cessé pour lui, il ne peut lui être accordé qu'une solde de congé (1).

§ II Effets sur la condamnation.

La grâce et la réhabilitation supposent l'une et l'autre le délit et la culpabilité, ou du moins la condamnation. « La grâce, a dit avec raison la Cour de cassation, présuppose *le délit existant et la culpabilité reconnue* (2). L'effet des lettres de grâce, a-t-elle dit encore, est limité à la remise de tout ou partie des peines : elles laissent subsister le délit, la culpabilité des graciés, et *déclarent même la justice de la condamnation* (3). » Cela est évident de la réhabilitation, puisqu'elle n'est que la consécration du repentir précédé et préparé par l'expiation. Pas plus que la grâce, elle n'efface ni le délit ni la sentence : « La grâce a uniquement pour but d'affranchir le condamné de la peine qu'il a encourue, mais elle n'efface ni le crime ni le jugement (4); » « elle dispense le condamné de subir la peine, mais n'efface pas la condamnation (5). » Ainsi s'exprime la jurisprudence quant à la grâce : il en est de même de la réhabilitation. Elle n'a trait qu'à l'avenir, et reste sans

(1) Ord. du cons. d'État, 15 octobre 1832 (général de Vaudoncourt).
(2) Cass., 30 novembre 1810.
(3) Cass., 11 juin 1825, 19 juillet 1839.
(4) Montpellier, 17 août 1839.
(5) Cass., 15 octobre 1825.

influence sur le passé : la loi ne lui attribue plus, comme
le Code de 1791, la vertu d'effacer dans la personne du
condamné *tous les effets* de la condamnation. Le jugement de condamnation subsiste donc après la réhabilitation comme après la grâce, et continue de produire les
effets légaux qui y sont attachés, que ces effets soient
d'ailleurs favorables ou défavorables au condamné. On
a décidé que, même au cas de grâce, les art. 365 et 379
du Code d'instruction criminelle doivent être appliqués,
et que le condamné « qui a obtenu la remise ou la commu-
» tation de sa peine, ne peut ensuite subir une condam-
» nation nouvelle pour un crime antérieur, à moins que
» ce *crime ne fût passible d'une peine plus forte que celle*
» *déjà encourue* (1). » On a décidé encore, en matière
de récidive, « que le principal effet des lettres de grâce
» n'étant pas d'abolir le crime, ou l'arrêt de condamna-
» tion auquel il a donné lieu, mais seulement d'opérer
» la remise de la peine, l'individu gracié qui a commis un
» nouveau crime après avoir obtenu sa grâce, est passible,
» en cas de condamnation pour ce crime, des peines de la
» récidive (2). » Et il en eût alors été ainsi, la grâce eût-
elle précédé l'exécution ; car si, en pareil cas, elle prévenait les incapacités, elle n'effaçait pas davantage le
délit ni la condamnation (3).

Faut-il étendre cette décision au condamné réhabilité ? doit-il, au cas de nouveau délit, être considéré
comme récidiviste, ou n'est-il passible, au contraire,

____

(1) Cass., 15 octobre 1825. — Cette question ne peut guère se présenter
après la réhabilitation.

(2) Cass., 1er juillet 1837 (P. 38, 1, 016).— Le Code de Sardaigne et plusieurs
Codes étrangers contiennent une disposition formelle sur ce point.

(3) Chauveau et Hélie, I, p. 416. — Dalloz, *Répert.*, v° *Grâce*, n° 44.

d'aucune aggravation de peine? Les deux systèmes ont
été soutenus. La société, a-t-on dit, replace le condamné
au même rang que ses concitoyens en lui rendant les
mêmes droits; après sa réhabilitation, c'est un homme
nouveau. Dès lors ne tombe-t-il pas du même point que
la première fois (1)? Un temps bien long se sera en pareil
cas écoulé entre la première infraction et la seconde; son
retour au bien et sa bonne conduite pendant ce temps
intermédiaire attestés par la réhabilitation même, ne lui
seront-ils comptés pour rien? son repentir ne couvre-t-il
pas sa première faute, et doit-on le confondre avec celui
sur lequel pèse encore le souvenir d'un crime qu'il n'a
point effacé? La loi, sans doute, ne donne pas à la réhabilitation le pouvoir de faire cesser *tous les effets*, mais
seulement *toutes les incapacités* résultant de la condamnation. Cette rédaction remonte au Code de 1808; or
si l'on consulte les travaux préparatoires, on y voit que
si ces mots *tous les effets* ont été retranchés de la rédaction primitive, c'était uniquement pour empêcher toute
contestation sur le payement des dommages-intérêts. A
le bien prendre, d'ailleurs, n'est-ce pas une incapacité,
une déchéance d'un droit naturel, que de ne pouvoir être
jugé à raison d'un seul délit, alors qu'on n'en a commis
qu'un (2)?

Quelque spécieuse que soit cette argumentation, elle
nous paraît tomber devant le texte de la loi. La question
nettement posée en 1808 au conseil d'État n'avait pas
été explicitement résolue, mais on avait déclaré que l'af-

----

(1) V. le réquisitoire de M. le procureur général Mourre, sur lequel a été
rendu l'arrêt de 1823. (S , 1823, I, 176)

(2) Favard de Langlade, *Rép.*, v. *Récidive.* — *Revue de législation*, t. IV,
p. 449 et suiv.

firmative paraissait certaine (1). La loi nouvelle s'est trouvée en présence de la controverse. Les auteurs qui ont le plus servi à sa rédaction avaient attaqué la disposition du Code et demandé qu'on attribuât à la réhabilitation la vertu de faire cesser tous les effets de la condamnation. C'était une des trois grandes réformes sollicitées (2). Tandis que la loi, accueillant les deux autres, a étendu la réhabilitation aux condamnés correctionnels et aux récidivistes, elle est restée muette sur la troisième : pas un mot n'en a été dit dans les travaux préparatoires, et en maintenant purement et simplement l'ancien texte du Code, le législateur paraît avoir voulu consacrer une doctrine qu'on s'accordait à regarder comme résultant évidemment de ce texte, que la Cour de cassation avait consacrée, et dont l'utilité, si elle avait ses adversaires, avait aussi ses défenseurs (3). Il faut donc en conclure qu'aujourd'hui encore, la réhabilitation n'efface pas le délit ni la condamnation, mais se borne à constater et à récompenser le repentir du condamné ; et dès lors le nouveau crime ou le nouveau délit qu'il commet, le constitue nécessairement en état de récidive. Ne serait-ce pas, d'ailleurs, forcer le sens des mots que d'appeler une incapacité la situation qui est faite au récidiviste (4)?

Conséquemment à cette doctrine, il faut donc admettre que la réhabilitation n'effaçant pas la condamnation, n'empêchera pas le condamné d'être passible de la pénu-

(1) Locré, t. XXVIII, p. 163.
(2) M. Faustin Hélie, *Revue de législ.*, t. VII, p. 44.
(3) M. Bonneville, *Inst. complém. du rég. pénit.*, p. 642, note.
(4) Bonneville, *loco citato.* — Chauveau et Hélie, I, p. 414. — Carnot, sur l'art. 56. — Legraverend, II, p. 609. — Trébutien, I, 291. — Boitard, 1re édit., n° 140. — Dalloz, v° *Peine*, n° 268. — Cass., 6 février 1823 (P. 23, 1, 276).

lité administrative édictée par la loi de sûreté générale du 26 février 1858, bien qu'autrefois, dans une question analogue, la jurisprudence décidât que le condamné réhabilité cessait d'être soumis à la juridiction des cours spéciales (1).

Sur ces différents points, il en est tout autrement de l'amnistie : tandis que la grâce et la réhabilitation ne peuvent intervenir qu'après un jugement définitif, l'amnistie peut le précéder, et dans ce cas elle ne suppose rien, si ce n'est l'accusation. Mais, alors même qu'elle intervient après la condamnation prononcée, elle diffère profondément de la réhabilitation et de la grâce ; par un rare privilège, elle efface ce qui semblait ineffaçable, le passé. Douée d'une vertu rétroactive qui ne s'arrête que devant les droits acquis, « elle emporte, dit la Cour de » cassation, abolition des crimes et délits qui en sont » l'objet, elle en efface jusqu'au souvenir, et ne laisse » rien subsister des condamnations prononcées (2). » — « Tandis, a dit un autre arrêt de la même Cour, que » l'effet des lettres de grâce est limité à la remise de tout » ou partie des peines, qu'elles laissent subsister le délit, » la culpabilité des graciés, et déclarent même la justice » de la condamnation, l'amnistie pleine et entière porte » avec elle l'abolition des délits qui en sont l'objet, des » poursuites faites ou à faire, des condamnations qui au- » raient été ou qui pourraient être prononcées ; *tellement* » *que ces délits, couverts du voile de la loi, sont au regard* » *des cours et des tribunaux, sauf le droit des tiers en répa-* » *ration du dommage par action civile, comme s'ils n'avaient*

(1) Cass., 10 octobre 1811 et 17 janvier 1812 (P. 1812, 1, 216 et 327).
(2) Cass., 7 mars 1844 (P. 45, 1, 422).

« *pas été commis* (1). » — « Amnistie, a dit de son côté
« l'auteur des *Pensées d'un prisonnier*, c'est abolition et
« oubli ; grâce, ce n'est que pitié et pardon. L'amnistie
« ne remet point, elle efface ; la grâce n'efface rien, elle
« abandonne et remet. L'amnistie retourne vers le passé
« et y détruit jusqu'à la première trace du mal. La grâce
« ne va que dans l'avenir et conserve dans le passé tout
« ce qu'il a souffert ou produit (2). » L'amnistie ne réunit donc pas seulement les effets de la grâce et de la
réhabilitation ; elle ne remet pas seulement la peine et
les incapacités, elle abolit la condamnation même et tous
les effets légaux qui y étaient attachés. C'est ainsi qu'on
a constamment jugé qu'à la différence de la grâce et de
la réhabilitation, l'amnistie efface tellement le délit qu'il
ne peut plus servir de base à la récidive, et, d'une manière plus générale, que les condamnations couvertes
par l'amnistie ne peuvent être prises en considération au
cas de poursuite pour infraction nouvelle ou antérieure
de la part de l'amnistié (3) : elle soustrairait certainement
le condamné à la pénalité administrative de la loi de 1858.
C'est encore par une conséquence du même caractère de
l'amnistie qu'on a jugé qu'elle profite de plein droit aux
complices des faits amnistiés, « attendu que, par l'effet
« de l'amnistie, ne restant plus de crime aux yeux de la
« loi, il ne peut plus y avoir de complices de ce crime à
« poursuivre et à punir (4). » C'est ce qui a fait dire que
l'amnistie est plutôt réelle que personnelle ; qu'elle s'ap-

(1) Cass., 11 juin 1825 ; *id.* 19 juillet 1839.
(2) M. de Peyronnet, *Pensées d'un prisonnier.*
(3) Cass., 13 mess. an IV (*Jurisp. gén.*, XI, 511) ; 11 juin 1825 ; 19 juillet
1839 ; 7 mars 1844 (P. 45, 1, 427) ; 4 janvier 1851.
(4) Cass , 6 juin 1802.

plique principalement aux faits et ne touche qu'accessoirement aux personnes. La grâce et la réhabilitation, au contraire, sont toujours, de par leur nature, rigoureusement personnelles.

Toutes les conséquences même accessoires de l'action publique, telles qu'amendes, frais, sont effacées par l'amnistie; toutefois, ce qui a été payé à l'État ne pourra sans doute être répété, les règles de la comptabilité du trésor s'opposant à cette restitution. La grâce remet d'ordinaire l'amende, mais elle ne remet pas les frais (1). Quant à la réhabilitation, la loi dit expressément qu'elle ne peut être sollicitée avant le désintéressement complet de la partie publique par le payement de l'amende et des frais (2).

§ III. Effets sur les droits des tiers.

Quelle est l'influence de la réhabilitation, de la grâce et de l'amnistie sur les droits des tiers ? Et d'abord sur les droits résultant pour les tiers du dommage à eux causé par le délit?

Un principe constamment maintenu par la tradition depuis le droit romain jusqu'à nos jours, c'est que la grâce ne peut nuire aux droits des tiers. Rigoureusement appliqué dans notre ancien droit par les légistes, ce principe avait fait donner aux parties le droit de s'opposer à l'entérinement. Il est encore aujourd'hui scrupuleusement suivi : la plupart des lettres de grâce réservent expressément les droits des tiers; dans les autres, cette réserve est toujours regardée comme sous-entendue. Ce

(1) Nancy, 21 novembre 1843.
(2) C. inst. crim., art. 623.

principe n'était pas spécial à la grâce simple, on l'étendait à la réhabilitation, et l'on exigeait comme condition de son obtention la satisfaction aux intérêts civils. La loi de 1852, comblant une fâcheuse lacune du Code de 1808, exige comme condition de l'admissibilité de la demande la satisfaction à la partie civile (1). Quant à l'amnistie, de nombreux auteurs soutiennent qu'en vertu du principe de nécessité publique sur lequel elle repose, de cette raison d'État, sous laquelle doivent plier tous les intérêts privés, elle peut, par une disposition expresse, anéantir les droits des tiers, et paralyser les actions civiles. Cette opinion est, toutefois, vivement combattue. L'action civile, dit-on, est la propriété de toute personne frappée par un délit. Comment la loi pourrait-elle en disposer plus que de toute autre propriété (2)? C'était à la loi seule, en effet, qu'avant la constitution de 1852, les partisans de cette opinion reconnaissaient ce pouvoir. Quel a été l'esprit de la constitution en transportant à l'empereur le droit d'amnistie? Lui a-t-elle conféré ce droit dans toute son étendue? lui a-t-elle en quelque sorte délégué sur ce point le pouvoir législatif? Cela semble probable, quelque exorbitant que soit un tel pouvoir aux mains de l'autorité exécutive. Il faudrait du moins, pour que les actions civiles fussent anéanties, que l'acte d'amnistie s'en expliquât formellement. C'est là un point reconnu par les auteurs, et consacré par la jurisprudence : « Cette dérogation au droit de propriété, a dit la » Cour de cassation, ne se présume pas, et ne peut résul- » ter que d'une disposition expresse (3). Les actes d'am-

---

(1) C. Inst. crim. 623.
(2) M. Faustin Hélie, I. cr., t. III.
(3) Cass., 9 février 1849.

» nistie laissent subsister de plein droit l'action civile des
» parties lésées quand ils ne déclarent pas formellement
» le contraire (1). »

La réhabilitation et la grâce n'ont aucun effet rétroactif (2) ; elles ne peuvent donc jamais porter atteinte aux
droits acquis. Ainsi la jurisprudence avait décidé, pour la
mort civile, que les effets qu'elle avait produits après
l'expiration des cinq ans qui suivaient l'exécution par
contumace, ne pouvaient être effacés par la grâce accordée au condamné avec clause de restitution de ses
biens, et que cette grâce ne lui donnait aucun droit aux
successions ouvertes et régulièrement dévolues dans le
temps intermédiaire (3). Ainsi encore on a jugé que la
grâce ne peut priver l'époux du droit de demander la séparation de corps, en vertu des art. 232, 261, 306 C.
civ., qui lui était acquis par la condamnation de son conjoint à une peine infamante (4).

La réhabilitation n'ayant pas plus que la grâce d'effet
rétroactif, nous pensons que les mêmes décisions doivent
lui être appliquées. Quand la mort civile existait, son
effet nous paraît avoir dû être le même que celui de l'innocence proclamée du contumax après l'expiration des
cinq ans : dans ce cas, les effets produits par la mort civile définitivement encourue étaient irrévocables : il avait
perdu ses biens ; il avait été jusqu'au jour où ses droits
lui étaient rendus incapable de succéder : son mariage
était dissous ; toutes conséquences irréparables que son

(1) Cass , 19 mai 1848.
(2) Avis du conseil d'État du 3 janvier 1807 : « Le conseil d'État est d'avis
que la grâce ne saurait emporter un effet rétroactif. » __
(3) Cass., 30 juin 1810.
(4) Paris, 19 août 1847 (D. 47, 4, 436, 437 et note).

innocence reconnue ne détruisait pas, qu'à plus forte raison la réhabilitation qui suppose la culpabilité et qui ne rétroagit pas, n'eût pu effacer. Mais à l'avenir, il y avait pour lui, dans l'un et l'autre cas, véritable résurrection : il rentrait dans la plénitude de ses facultés ; il recouvrait les droits de famille, la puissance paternelle et l'usufruit légal sur les biens de ses enfants, le droit enfin de succéder « à des parents redevenus les siens, à » ceux-là même qui avaient recueilli sa propre succes- » sion ! » Quant au mariage, il ne pouvait être rétabli que par une nouvelle célébration, si le conjoint était demeuré libre : c'était comme pour le *postliminium* romain, *consensu redintegratur matrimonium.*

De même aujourd'hui, la réhabilitation ne saurait influer sur aucun droit acquis à des tiers en vertu de quelque autre incapacité. Ainsi tout legs fait au profit du condamné à une peine perpétuelle qui s'ouvrirait avant sa réhabilitation, serait caduc, le légataire se trouvant au moment de l'ouverture du legs incapable de recueillir (1) ; et sa réhabilitation postérieure ne lui rendrait pas rétroactivement cette capacité. De même si, par suite de la condamnation de l'un des époux à une peine infamante, l'autre époux avait demandé et obtenu la séparation de corps, nul doute que la réhabilitation ne la ferait pas cesser. Ce serait à l'époux en faveur duquel la réhabilitation aurait été prononcée, à voir s'il ne devrait pas reprendre la vie commune avec un conjoint dont le repentir aurait mérité que la société le rétablît dans ses droits. Mais l'époux conserverait-il le droit de demander la séparation même après la réhabilitation prononcée ? L'affir-

(1) Loi du 31 mai 1854, art. 3. — C. civ. 1043.

mative résulte certainement des principes, puisque c'est là un droit acquis à l'époux par le seul fait de la condamnation, et que par la réhabilitation cette condamnation n'est pas effacée (1).

Ici encore, l'amnistie a des effets différents et bien autrement étendus. Recherchant l'oubli complet du passé, elle est douée d'une vertu rétroactive qui abolit la condamnation et jusqu'au délit lui-même, et ne s'arrête que devant les droits acquis aux tiers. Mais que faut-il entendre par *tiers* en matière d'amnistie? La question est fort délicate ; quand la mort civile existait, par la mort civile le mariage était dissous, la succession dévolue aux héritiers : nul doute que le nouveau mariage contracté par le conjoint, les contrats passés avec les héritiers ne fussent respectés par l'amnistie, et que le nouveau conjoint et les contractants ne fussent des tiers. Mais que fallait-il décider du conjoint et des hériters eux-mêmes? Le mariage et la communauté revivaient-ils de plein droit ? les héritiers devaient-ils rendre les biens, ou bien étaient-ce des tiers? Question qu'on eût pu soulever également quant aux successions dévolues à d'autres par suite de l'incapacité du condamné, et qui pourrait naître encore aujourd'hui pour le legs qui se serait ouvert pendant l'incapacité d'un condamné depuis amnistié. Dans ces différents cas, l'amnistie doit-elle avoir les effets du *postliminium?*

Quant aux effets produits par la mort civile, cette

(1) Mais la réhabilitation n'implique-t-elle pas au fond l'idée d'un pardon? Si elle n'efface plus comme autrefois, l'infamie, directement et légalement, ne produit-elle pas cet effet d'une manière indirecte? En levant l'incapacité du condamné n'efface-t-elle pas le principal intérêt du conjoint à demander la séparation, et ne pourrait-t-on pas ne lui accorder ce droit qu'autant que l'époux condamné n'aurait pas été réhabilité?

question divisait à la fois les auteurs et les arrêts. M. Demolombe voulait que le conjoint et les héritiers fussent des tiers, et se prononçait en conséquence pour l'irrévocabilité de la dévolution de la succession et de la dissolution du mariage (1). Telle est aussi la doctrine de deux arrêts, l'un de Rennes, pour la dissolution du mariage, qui statue que « l'amnistie ne peut détruire ré-
» troactivement et contrairement à l'art. 30 du Code civil
» les effets que la mort civile avait produits, ni enlever
» aux tiers des droits irrévocablement acquis (2); » et l'autre de la Cour de cassation, pour la dévolution de la succession, rendu sur les conclusions conformes de M. l'avocat général Delangle, et qui, se fondant également sur les art. 25 et 30 du Code civil, décide « que
» la dévolution une fois faite ne saurait être rétractée ni
» par le souverain ni par la loi, et que l'amnistie, à
» quelques conséquences qu'on soit disposé à l'étendre,
» ne peut porter atteinte aux droits privés irrévocable-
» ment acquis (3). »

Mais cette doctrine, combattue d'ailleurs par certains auteurs (4), n'est point celle à laquelle paraît incliner la jurisprudence. Un arrêt d'Angers a décidé qu'une amnistie avait revalidé de plein droit le mariage d'un mort civilement, dont le conjoint n'avait pas contracté de nouvelle union, et cet arrêt, déféré à la Cour de cassation, a été confirmé par elle : « Attendu, a dit la Cour, que l'am-
» nistie ayant pour but d'effacer complétement le passé,
» c'est-à-dire de replacer les amnistiés dans la situation

(1) Demolombe, t. I.
(2) Rennes, 11 mai 1847 (P. 47, 2, 314).
(3) Cass., 1er février 1842 (P. 42, 1, 07).
(4) V. M. Trébutien, *Cours élémentaire de dr. cr.,* 1852.

» où ils étaient avant que la condamnation ne fût en-
» courue, il en résulte qu'elle produit le rétablissement
» complet de l'amnistié dans la jouissance des droits
» qu'il avait avant la condamnation, à moins que ces
» droits ne soient devenus la propriété d'un tiers; que
» cette restriction forcée, rendue nécessaire par le prin-
» cipe de la non-rétroactivité, est la seule que puisse
» éprouver l'amnistie; attendu que lorsque les droits de
» l'amnistié, au lieu de passer à des tiers, ont seulement
» sommeillé dans sa personne, il s'ensuit nécessairement
» que l'amnistie ne rencontrant aucun obstacle, et ne
» portant préjudice à qui que ce soit, reçoit sans *limites*
» *l'application qu'elle recherche dans sa plus grande éten-*
» *due, c'est-à-dire l'oubli de tous les faits antérieurs* (1). »
Un autre arrêt de la même Cour, du 8 décembre
1851 (2), décidait également que l'amnistie accordée à
des condamnés morts civilement revalidait de plein droit
leur mariage dissous par la mort civile, et que la communauté, dissoute comme le mariage par la mort civile,
revivait avec lui par l'amnistie.

Une considération de fait, la continuation de la vie
maritale par les époux, n'est sans doute pas demeurée
étrangère à la décision de ces arrêts; et peut-être les
raisons invoquées par la Cour de cassation, au cas de
mariage, n'eussent elles pas été de tout point applicables
au cas de succession, et ne le seraient-elles pas aujour-
d'hui au cas de legs. Il ne nous appartient pas de dis-
cuter ici cette difficile question, qui exigerait de longs
développements. Peut-être, d'ailleurs, n'est-elle pas
susceptible d'une solution unique et absolue. Le plus sûr

(1) Cass., 31 juillet 1850 (P. 50, 1, 072).
(2) P. 52. 1. 215.

ne serait-il pas d'appliquer par analogie les principes admis pour la rétroactivité des lois? Quand la condamnation a créé au profit d'un tiers un droit *effectif*, l'amnistie pourra-t-elle le lui enlever? L'héritier qui, avant l'abolition de la mort civile, recueillait la succession; aujourd'hui, l'héritier qui a gardé un legs frappé de caducité, ou le colégataire qui l'a recueilli par droit d'accroissement, n'ont-ils pas dû raisonnablement compter sur de pareils droits, n'ont-ils pas dû les regarder comme définitivement entrés dans leur patrimoine? L'*attente* qu'ils en ont formée n'est-elle pas de celles que rien ne doit tromper? On l'a dit, une loi d'oubli et de pardon pour les uns ne doit pas être une loi de ruine et de spoliation pour les autres. Quand, au contraire, la condamnation n'aura donné naissance qu'à une simple aptitude, à une simple faculté, en vertu de laquelle aucun droit n'aura encore *été effectivement acquis*, cette faculté disparaîtra devant l'amnistie : ainsi, l'amnistie enlèverait à l'époux la faculté de demander la séparation de corps qu'il tenait de la condamnation de son conjoint à une peine infamante; mais elle n'annulerait pas une séparation prononcée. En cette matière si délicate de la rétroactivité, les considérations de fait ne sauraient d'ailleurs rester sans influence sur la décision des juges.

§ IV. Révision.

Il est une dernière institution que nous devons, en finissant, rapprocher de la réhabilitation : c'est la révision.

La révision a pour but de rechercher et de proclamer l'innocence méconnue et de réparer les erreurs de la

justice ; elle diffère radicalement des institutions précédentes, en ce qu'elle est un acte de juridiction qui émane
directement de l'autorité judiciaire, et n'a lieu que dans
des cas déterminés, au nombre de trois seulement. La
révision est possible, au moins dans un cas (1), même
après la mort du condamné. « L'arrêt de révision, dit
» éloquemment un auteur, le sortirait du tombeau s'il se
» pouvait ; il ne peut que décharger sa mémoire et re-
» mettre les choses au point où elles seraient s'il était
» mort *integri status* (2). » La révision, en effet, quand
elle est prononcée, a des effets radicaux ; mesure de réparation, c'est au passé qu'elle s'adresse autant et plus
qu'à l'avenir : elle a donc et elle devait avoir un effet
rétroactif absolu : « Quand, sur révision, disait Richer,
» le condamné est renvoyé de l'accusation, il reprend son
» état dans tout son entier, et est réputé n'en avoir jamais
» été privé (3). » C'est de la révision qu'il est juste de dire,
avec d'Aguesseau : « Elle attaque le principe et le fon-
» dement de l'incapacité, et, dès que l'innocence paraît,
» non-seulement toutes les suites du crime sont effacées
» de plein droit, mais on juge qu'elles n'ont jamais sub-
» sisté. Le ministère du juge *déclare l'innocence et ne la*
» *donne pas ;* c'est même parler improprement que de
» dire qu'un jugement d'absolution a un effet rétroactif :
» disons plutôt que l'innocence n'a été qu'obscurcie pen-
» dant que la condamnation a subsisté, et bien loin qu'il
» faille emprunter le secours de la fiction pour détruire
» dans le passé l'effet d'une telle condamnation, on peut
» dire, au contraire, qu'*il faudrait admettre une espèce de*

(1) Art. 444 et 447 C. Inst. crim.
(2) Vazeille, *du Mariage*, t. II. p. 333.
(3) Richer, *Traité de la mort civile*, p. 625.

» *fiction pour réputer coupable celui qui a toujours été inno-*
» *cent* (1). »

§ V. Résumé.

Résumons en quelques mots les rapports et les différences de ces quatre institutions.

La grâce est la remise totale ou partielle de la peine
prononcée : acte de pure clémence, elle n'est soumise à
aucune règle, elle émane directement et spontanément
du prince; elle ne précède jamais le jugement, et ne peut
intervenir que sur une condamnation définitive et irrévocable (2). Aussi large que la loi pénale, elle s'étend à
toutes les peines, même de simple police, et peut être
accordée au récidiviste comme au condamné primaire;
individuelle ou collective, elle est toujours essentiellement personnelle. Elle remet la peine, mais elle n'efface
pas le délit ni l'infamie qui s'y attache (3); elle suppose
au contraire la culpabilité et déclare la justice de la condamnation : elle n'efface pas cette condamnation, mais la
consacre en quelque sorte, et en laisse subsister, sauf la
peine, toutes les conséquences. Elle ne nuit jamais aux
droits des tiers et n'a pas d'effet rétroactif.

La réhabilitation est la restitution au condamné, pour
l'avenir, des droits dont la condamnation l'avait privé.

La grâce agit sur la peine, la réhabilitation sur les
incapacités. Tant que la peine n'est pas subie, la grâce
peut seule intervenir; la réhabilitation n'est possible
qu'après que la peine a disparu. Tandis que la grâce
n'est qu'un acte de pure clémence abandonné à la volonté

____

(1) D'Aguesseau, 57ᵉ plaidoyer.
(2) *Sic*, Legraverend, Dalloz, Trébutien.
(3) « Quos liberat notat. » — « La grâce entache. »

du chef de l'État, la réhabilitation, bien qu'elle émane aussi du prince, est assujettie à des conditions préalables et à des formalités rigoureuses, et tient plus du caractère de la justice. Elle n'intervient jamais qu'après une condamnation non-seulement définitive, mais exécutée, ou dont l'exécution a été remise par la grâce. Moins étendue que la grâce, elle est inapplicable aux peines de simple police auxquelles n'est attachée aucune incapacité ; elle ne peut être accordée aux récidivistes pour crime frappés d'une seconde peine afflictive ou infamante. Toujours individuelle, à la différence de la grâce, elle a, comme elle, un caractère de personnalité. Comme la grâce, elle suppose la culpabilité et déclare la justice de la condamnation, mais en proclamant le repentir du condamné : par là, elle efface la flétrissure que cette condamnation avait imprimée ; elle en demande au moins l'oubli, si elle ne l'impose plus. Loin de nuire aux droits des tiers, elle suppose le désintéressement de tous ceux qu'avait lésés le délit ; mais elle ne rétroagit pas plus que la grâce, et n'a pas plus d'influence sur le délit, ni sur la sentence, dont elle respecte toutes les conséquences autres que les incapacités : elle lève seulement ces incapacités pour l'avenir, et donne ainsi au condamné le moyen de commencer une vie nouvelle.

L'amnistie réunit et les effets de la grâce et ceux de la réhabilitation, mais elle en a de plus larges et qui s'étendent jusqu'au passé : se proposant, comme on l'a très-bien dit, « la concorde par l'oubli, (1) » elle efface le passé dans l'intérêt de l'avenir. C'est l'entière abolition des délits, des poursuites et des condamnations. Elle est

(1) M. Demolombe.

aujourd'hui, comme la réhabilitation et la grâce, dans les attributions du chef de l'État : mesure plutôt politique que judiciaire, elle procède moins du droit de faire grâce que du droit d'administrer et de faire des traités de paix et d'alliance. Aucune loi n'en a déterminé les limites et les règles : elle est donc abandonnée à l'usage. A la différence de la réhabilitation et de la grâce, elle ne suit pas toujours la condamnation; elle peut aussi la précéder. Elle est générale et s'étend à toutes les infractions, à toutes les peines. Elle s'applique plus directement aux faits qu'aux personnes, ce qui a fait dire qu'elle est plutôt *réelle* que personnelle. Tandis que la réhabilitation et la grâce supposent la condamnation et la culpabilité, l'amnistie ne suppose rien, si ce n'est l'accusation; celles-là s'accordent à celui qui a été certainement coupable; celle-ci à ceux qui ont pu l'être (1); elle prévient les arrêts de la justice ou les annule sans rechercher s'ils étaient justes ou non. Portant atteinte jusqu'au principe sacré de la chose jugée, elle fait disparaître la sentence, « purifie » en quelque sorte le fait même, et l'efface au point que légalement il est censé n'avoir jamais existé : tendant à remettre autant que possible les amnistiés dans la position où ils étaient avant la condamnation, elle a un effet rétroactif qui ne s'arrête que devant les droits acquis. Enfin, tandis que la réhabilitation et la grâce respectent toujours scrupuleusement les actions nées du délit, au profit des tiers, l'amnistie peut, selon certains auteurs, puisant là comme partout sa légitimité dans sa nécessité, éteindre ces actions pour mieux effacer, dans l'intérêt de tous, la mémoire des faits dont elle recherche l'oubli.

(1) M. de Peyronnet.

La révision est la réparation due à l'innocent victime d'une condamnation injuste. Acte purement judiciaire, elle est limitée à certains cas : mais dès qu'elle est obtenue, elle fait tomber, par sa vertu rétroactive, tous les effets de cette condamnation.

Quelle est donc l'utilité relative de la grâce, de la réhabilitation, de l'amnistie, de la révision? Bornée à la remise de la peine, la grâce ne peut suppléer la réhabilitation et n'est qu'un acheminement vers elle. Déclarant la justice de la condamnation et n'ayant trait qu'à l'avenir, ni la grâce ni la réhabilitation n'enlèvent l'intérêt qu'on peut avoir à demander la révision pour détruire la présomption de culpabilité et profiter de son effet rétroactif (1); mais l'amnistie effaçant toute idée de délit et de culpabilité, on admet généralement qu'elle met obstacle à la demande en révision. Ainsi, la grâce remet la peine au coupable par clémence; la réhabilitation, en le rétablissant dans ses droits, fait justice à son repentir; l'amnistie efface le délit et ses conséquences, par nécessité; la révision proclame l'innocence et lui rend, autant que possible, ses droits pour réparer l'erreur et l'injustice.

CHAPITRE II.

CONCLUSION.

Telle est notre législation actuelle en matière de réhabilitation. Peut-être n'accorde-t-elle point à la réhabilitation des effets assez étendus : par la réhabilitation, la

(1) *Sic* Legraverend.

condamnation n'est point effacée, le délit n'est point couvert; la loi pardonne, mais sans oublier. Ne pouvait-on lui attribuer la vertu d'effacer le souvenir de la condamnation et de la faute, la tache du crime, comme disait le législateur de 1791, de faire cesser, à l'avenir seulement, *tous les effets* de la sentence? Le repentir ne doit-il pas couvrir entièrement le passé?

Peut-être aussi faut-il regretter qu'elle soit abandonnée à la décision du chef de l'État; non qu'il n'y ait, nous le reconnaissons, quelque chose d'imposant dans ce concours unanime des trois pouvoirs de l'État nécessaire à la réintégration du condamné. Mais les formes actuelles ont le tort de conserver à la réhabilitation un caractère semi-gracieux qui en dérobe le vrai principe, et quand au fond elle est une justice, de lui laisser les dehors d'une grâce. Ne vaudrait-il pas mieux pour le condamné lui-même, tenir sa réhabilitation de la simple mais grave autorité des tribunaux? Cette forme, en faisant de la réhabilitation un véritable recours de droit, ne la relèverait-elle pas dans l'opinion plus que le concours de tous les pouvoirs? Il ne s'agit plus en effet d'une mesure d'exception, mais d'un état nouveau à constater, d'un droit à reconnaître et à consacrer, et dès lors pourquoi une décision extrajudiciaire, pourquoi ne pas s'en remettre à l'autorité naturellement compétente, à celle qui statue sur toutes les incapacités, aux tribunaux? Ne pourrait-on admettre le système proposé par Cambacérès, « un arrêt de la justice rendu exécutoire en vertu » de lettres du prince (1)? »

Au reste, dans la plupart des législations étrangères (2),

(1) Locré, t. XXVIII.
(2) Nous ne citons que celles que nous avons pu consulter.

la réhabilitation paraît être encore confondue avec la grâce. En Angleterre, elle fait partie du *power of pardon*, qui semble partagé entre la couronne et le parlement (1). Le Code criminel autrichien assimile la grâce à la peine subie sans parler de la réhabilitation, et déclare que la peine subie fait rentrer le condamné dans ses droits civils communs, à moins que leur perte ne soit une conséquence de la sentence (2). Dans la plupart des Codes des petits États de l'Allemagne, il n'est également question que de la grâce. Le Code pénal de Sardaigne, en même temps qu'il déclare que d'ordinaire la grâce n'efface pas l'infamie et les incapacités résultant de la condamnation, donne au roi le pouvoir de les remettre par une déclaration expresse faite dans le rescrit de grâce (3). Mais les dispositions de notre Code d'instruction criminelle ont été presque entièrement reproduites par le Code de procédure criminelle des Deux-Siciles (4). Les conditions exigées, la procédure sont les mêmes ; seulement, la réhabilitation fait cesser de droit *tous les effets* de la condamnation précédente *sauf ceux de de la récidive* (5), et l'interdiction perpétuelle ou temporaire des fonctions publiques ne peut être levée que par une mention expresse dans les lettres (6). Enfin le temps d'épreuve est triplé pour les récidivistes (7).

La réhabilitation n'a point répondu jusqu'ici aux espé-

(1) Blakstone, IV, 31.
(2) Code criminel d'Autriche du 3 septembre 1803, art. 204, 205.
(3) Code pénal de Sardaigne de 1839, art. 140.
(4) Code de procédure criminelle des Deux-Siciles du 20 mai 1810, art. 623-634.
(5) Art. 623.
(6) Art. 633.
(7) Art. 634.

rances du législateur. La moyenne des réhabilitations a été de 20 par an de 1841 à 1847 : l'admission des condamnés à des peines correctionnelles, et la simplicité des formes adoptées par le décret du gouvernement provisoire, l'élevèrent de 1848 à 1852 au chiffre de 82 ; depuis lors, c'est-à-dire depuis la loi nouvelle du 6 juillet 1852, ce chiffre a baissé ; il y a eu en effet 37 réhabilitations en 1852, 87 en 1853, 47 en 1854, 58 en 1855, 49 en 1856, ce qui donne une moyenne annuelle de 55,6. En réalité, si l'on songe à l'accroissement considérable du nombre des condamnations correctionnelles, la moyenne n'a pas augmenté, et ces résultats presque insignifiants n'ont pu empêcher les récidives de s'accroître « dans des » proportions déplorables (1). » En face des 49 réhabilitations accordées en 1856, la statistique enregistre le nombre effrayant de 40,345 récidives (2)!

Ces chiffres parlent : ils démontrent jusqu'à l'évidence que ce n'était pas seulement dans l'amélioration des formes imposées à la réhabilitation qu'il fallait chercher le moyen de la rendre plus féconde, mais dans la réforme des prisons, dans l'adoption d'un régime vraiment pénitentiaire qui corrige le condamné au lieu de le corrompre.

Il n'est pas douteux que notre système répressif ne soit le principal obstacle au développement de la réhabilitation ; peut-être aussi y a-a-il un peu faute de la société : « Il faudrait, a dit Rousseau, que les hommes fussent » avant les lois ce qu'ils doivent devenir par elles (3). » Mais à cela encore, c'est dans l'adoption d'un autre mode

<hr>

(1) Rapport à l'empereur. — Statist. crim. de 1856.
(2) *Ib.*, p. xxiv.
(3) *Contrat social.*

de répression qu'on trouvera le remède : on l'a dit en
effet, et avec beaucoup de raison, c'est moins le criminel qu'on repousse que le forçat : « C'est moins le
» coupable que le galérien qui est éternellement rejeté
» du sein de la société, non pas tant à cause du crime
» qu'il a commis qu'à cause des galères dont il sort (1). »
A tous les points de-vue, on ne peut donc qu'adhérer
aux paroles du rapporteur de la loi de 1852 : « Tant que
» le condamné rentrera dans la société plus perverti qu'a-
» vant le crime, la réhabilitation ne cessera pas d'être
» une exception rare, quand la société serait si fortement
» intéressée à la voir devenir générale et commune (2). »

(1) M. Ch. Lucas, *Syst. pénal*, p. 311.
(2) Rapp. de M. Langlais, *Moniteur du 4 mai 1852.*

PROPOSITIONS.

DROIT ROMAIN.

I. La *restitutio in integrum* accordée par l'empereur a-t-elle un effet rétroactif? — Il faut distinguer.

II. A-t-elle tous les effets du *postliminium?* — Non.

III. L'institution et le legs faits sous condition ne sont point immédiatement frappés de caducité par une condamnation qui n'entraîne que la *media capitis minutio;* ils demeurent en suspens dans l'espérance de la réhabilitation.

IV. Les lois 6 et 9 au Code, *De sententium passis,* ne sont que des interprétations d'une formule de *restitutio in integrum.*

V. La loi 1, § 10, au Digeste, *De postulando*, doit s'entendre de la *restitutio* ordinaire contre une sentence.

VI. La *restitutio in integrum* accordée à l'esclave condamné *in metallum* ne le rend pas au maître.

VII. La *minima capitis deminutio* n'est pas seulement un changement de famille, elle suppose une altération dans la capacité.

VIII. Le droit romain ne présume pas la société entre les *correi promittendi*.

IX. A la différence du fidéjusseur, le *mandator pecuniæ credendæ* peut réclamer le bénéfice de cession d'actions après la *litis contestatio*, même après la condamnation ou le payement.

X. La loi 16, § 4, *De fidejussoribus*, peut s'entendre sans correction du texte.

XI. Le propriétaire sur le terrain duquel un homme a élevé de bonne foi, avec ses matériaux, une construction qu'il possède, peut lui rembourser à son choix les impenses ou la plus-value. Le constructeur n'a droit à la plus-value que déduction faite des fruits qu'il a perçus.

DROIT FRANÇAIS.

DROIT CRIMINEL.

I. L'empereur ne peut aujourd'hui réhabiliter un condamné sans l'accomplissement des formalités prescrites par le Code d'instruction criminelle.

II. La réhabilitation s'applique aux incapacités temporaires.

III. Les avis des Cours impériales, en matière de réhabilitation, ne peuvent être l'objet d'un recours en cassation.

IV. Le condamné réhabilité demeure passible des peines de la récidive; il en est autrement du condamné amnistié.

V. La condamnation n'est pas effacée par la réhabilitation ; elle l'est au contraire par l'amnistie.

VI. L'amnistie ne peut, par son effet rétroactif, porter
atteinte aux droits effectivement acquis.

VII. Un tribunal correctionnel ou de simple police ne
peut, quand il reconnaît que le fait incriminé ne constitue pas un délit ou une contravention, adjuger à la partie
civile des dommages-intérêts.

VIII. La révision ne peut avoir lieu en matière correctionnelle.

DROIT CIVIL.

I. L'interdit ne peut se marier dans un intervalle
lucide.

II. La possession d'état ne peut être invoquée comme
preuve de la filiation naturelle.

III. Le tuteur de l'interdit peut intenter au nom de
l'interdit l'action en désaveu de paternité.

IV. Il suffit, pour la formation d'un contrat, que les
offres soient acceptées en temps utile, sans que l'accep-
tation soit parvenue à la connaissance du proposant.

V. Le privilége de l'art. 2102 ne s'étend pas aux
annuités échues quand le bail n'a pas date certaine.

DROIT ADMINISTRATIF.

I. Les forêts du domaine de l'État sont prescriptibles.

II. En cas d'expropriation pour cause d'utilité publique, il n'est pas nécessaire que le bail ait date certaine pour que le locataire expulsé soit fondé à réclamer une indemnité.

DROIT COMMERCIAL.

I. Les créanciers d'une société en commandite ont le droit d'agir directement contre les associés commanditaires pour les forcer à effectuer le versement de leurs mises.

II. Le privilége du voiturier n'est pas nécessairement subordonné à la détention des objets voiturés.

III. La séparation de biens, lorsqu'elle n'est que la conséquence de la séparation de corps, ne rétroagit pas au jour de la demande.

HISTOIRE DU DROIT.

I. Le colonat eut son origine dans des transplantations de barbares.

II. La censive eut son origine dans les *patrocinia vicorum*.

III. Les coutumes celtiques n'ont laissé aucune trace dans nos institutions.

IV. Notre communauté conjugale nous est venue des coutumes germaniques.

DROIT DES GENS.

I. L'homme que la justice d'un pays a intérêt à saisir, ne peut être arrêté quand c'est un pur accident, par exemple un naufrage, qui l'a jeté sur le territoire.

II. Les dispositions générales du titre V de la loi du 13 décembre 1848 sur la contrainte par corps sont applicables aux étrangers.

Vu par le Président de la thèse,
P. BRAVARD-VEYRIÈRES.

Vu par le Doyen de la Faculté,
PELLAT.

Permis d'imprimer,

Le Vice-Recteur,
ARTAUD.

Paris.—Imprimé par E. Thunot et Cᵉ, rue Racine, 26.

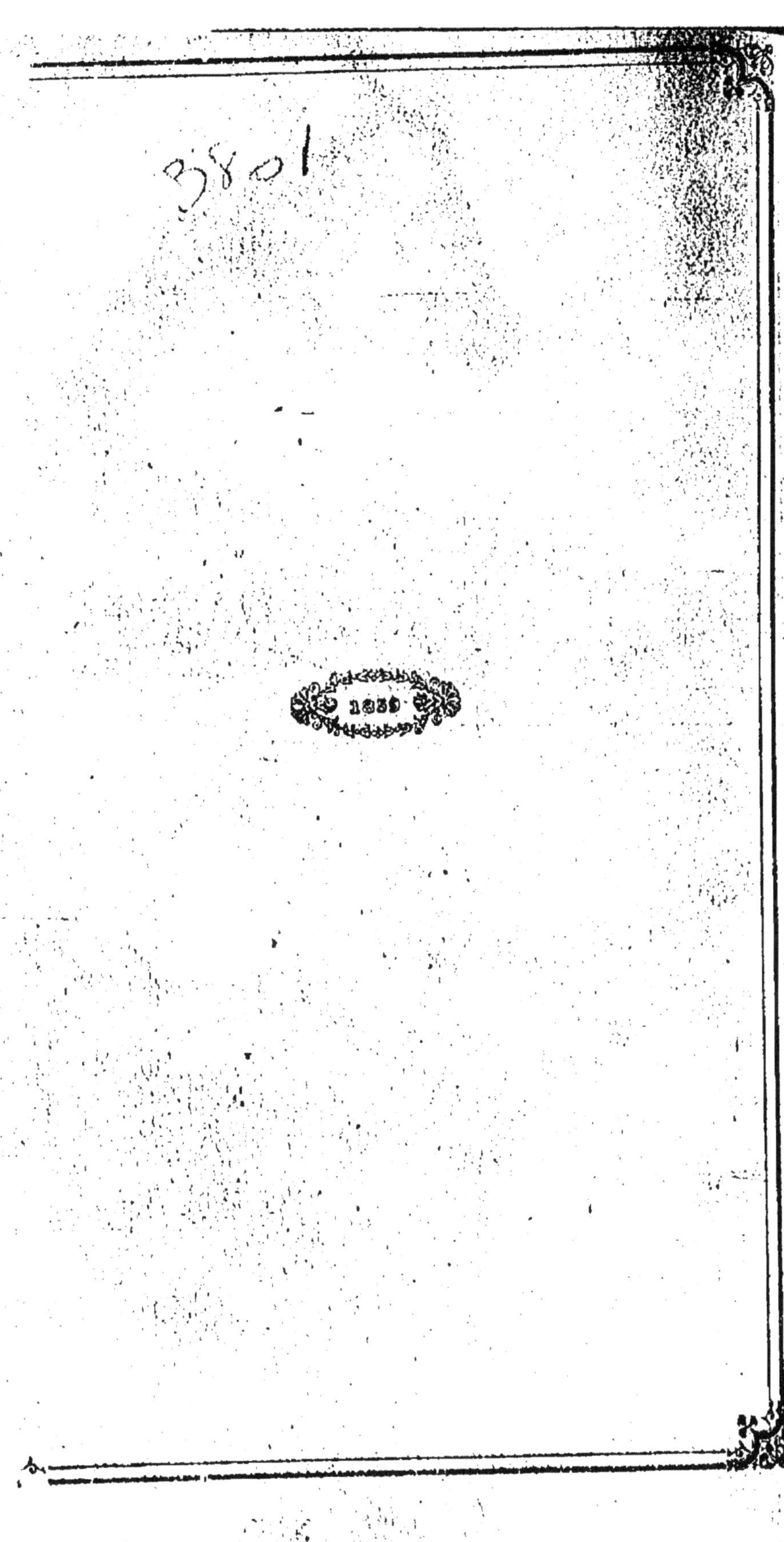

9 782013 589314